Orar 15 dias com
Padre Vítor Coelho de Almeida
Missionário Redentorista

GILBERTO PAIVA, C.Ss.R.

Orar 15 dias com
PADRE VÍTOR COELHO DE ALMEIDA

Missionário Redentorista

EDITORA
SANTUÁRIO

DIREÇÃO EDITORIAL:
Pe. Marcelo C. Araújo, C.Ss.R.

REVISÃO:
Leila Cristina Dinis Fernandes

COORDENAÇÃO EDITORIAL:
Ana Lúcia de Castro Leite

DIAGRAMAÇÃO E CAPA:
Bruno Olivoto

COPIDESQUE:
Luana Galvão

Dados Internacionais de Catalogação na Publicação (CIP)
(Câmara Brasileira do Livro, SP, Brasil)

Paiva, Gilberto
    Orar 15 dias com Padre Vítor Coelho de Almeida: missionário redentorista / Gilberto Paiva. – Aparecida, SP: Editora Santuário, 2015.

  ISBN 978-85-369-0360-6

  1. Almeida, Vítor Coelho de, 1899-1987 2. Livros de oração 3. Redentoristas – Missões I. Título.

14-12325   CDD-242

Índices para catálogo sistemático:
1. Orações: Cristianismo 242

Todos os direitos reservados à EDITORA SANTUÁRIO – 2015

Composição em sistema CTcP, impressão e acabamento:
Editora Santuário - Rua Padre Claro Monteiro, 342
Fone: (12) 3104-2000 - 12570-000 - Aparecida-SP.

ÍNDICE

Apresentação.. 7

Dados biográficos.................................... 11

1. Sua infância em família 13
2. A formação religiosa e sacerdotal 25
3. O ministério sacerdotal 35
4. A formação de comunidades 45
5. A necessidade da oração..................... 56
6. Missionário e promotor vocacional 66
7. O apóstolo da Rádio Aparecida............ 77
8. A Congregação Redentorista
   e os seus santos 89
9. O Missionário da Senhora Aparecida 100
10. A doença no auge da Missão............ 110
11. A sagrada Eucaristia 121
12. O cristão leigo e a formação
    de comunidades 132
13. O Missionário da Copiosa Redenção ... 143

14. Sua poesia falava de Deus
e da misericórdia 153
15. O entardecer de sua morte...
E o amanhã da vida 163

Oração para pedir a beatificação de
Padre Vítor Coelho de Almeida, C.Ss.R.... 172
Bibliografia e fontes 172

*Aos devotos de Nossa Senhora Aparecida,
dos quais Padre Vítor fazia parte.
Aos ouvintes da Rádio Aparecida, aos quais
Padre Vítor falou da misericórdia divina.
Aos sacramentanos, conterrâneos de Padre Vítor.
Aos redentoristas, confrades de Padre Vítor.*

APRESENTAÇÃO

Continuando a bela coleção de formação e oração publicada pela Editora Santuário, podemos agora conhecer e orar com Padre Vítor Coelho de Almeida, missionário redentorista.

Padre Gilberto Paiva, redentorista, depois de escrever a biografia de Padre Vítor Coelho, apresenta-nos esta reflexão sobre sua vida espiritual. Buscando os fatos, ele pôde recolher a nata de tudo que encontrou e transformá-la em um momento de encontro com Deus, em oração. Rezar com o Padre Vítor é privilégio, pois ele rezava com o povo.

À medida que penetrava os acontecimentos, percebia o traço da santidade que os unia: Deus e povo!

Padre Paiva não falou sobre Padre Vítor, deixou que ele próprio falasse. Foi gostoso ouvir sua voz à medida que lia os textos. Era uma voz cheia de unção.

Um santo é sempre um dom de Deus para a Igreja que apenas referenda aqueles que o povo de Deus já considera no Céu. É sempre uma luz forte lançada sobre o conhecimento do Evangelho. Rezamos no prefácio dos santos: "Nos santos e santas, ofereceis um exemplo para a nossa vida, a comunhão que nos une, a intercessão que nos ajuda". Motivados por sua busca de Deus, podemos nos adiantar nesse caminho de nossas próprias buscas.

Padre Vítor nos traz um sentido muito forte de humanidade, tanto em sua maneira tão própria de ser, como em sua preocupação com o bem espiritual, humano e social das pessoas nas comunidades. Cuidou da saúde do povo, de sua vida de fé e eclesial. A ele devemos orientação e estímulo às populações carentes, urbanas e rurais, seja quanto à necessidade de cuidados profiláticos, seja quanto às celebrações em comunidades que não tinham sacerdote. A ele devemos um modo simples de anunciar o Evangelho e de falar da vida da Igreja. Sabia evangelizar na língua do povo.

Para uma congregação religiosa – no caso a Congregação do Santíssimo Redentor –, Padre Vítor é um testemunho de que esta vida é caminho de santidade. E é estímulo aos consagrados para viverem esse caminho e chamarem outros a fazer parte desta família, como ele próprio o fez.

Que a leitura deste livro nos introduza sempre mais na oração, guiados por padre Paiva que nos propiciou o conhecimento da vida espiritual do Servo de Deus, Padre Vítor Coelho de Almeida, missionário redentorista.

Esperamos, um dia, poder ver oficialmente reconhecida sua santidade através da beatificação e canonização.

Padre Luiz Carlos de Oliveira, C.Ss.R.

DADOS BIOGRÁFICOS

• Nasceu em 22 de setembro de 1899, na cidade de Sacramento (MG).

• Entrou para o Seminário Redentorista Santo Afonso, em Aparecida (SP), em 1911.

• Fez o noviciado na Congregação do Santíssimo Redentor, na cidade de Perdões (SP), onde professou os votos religiosos em 1918.

• Começou os estudos de Filosofia em Aparecida e concluiu-os na Alemanha, onde também cursou Teologia e foi ordenado sacerdote em 1923. Enquanto ainda estudante na Alemanha, foi acometido pela tuberculose.

• De volta ao Brasil, atuou ativamente nas Missões Populares, residindo então em Araraquara (Igreja Santa Cruz), em Goiás e no bairro da Penha, na capital paulista (Santuário de Nossa Senhora da Penha).

- Tendo novamente contraído tuberculose, esteve internado em Campos do Jordão por sete anos, na década de 1940.
- Passou a residir em Aparecida de 1948 até sua morte.
- Em 1951, participou indiretamente da fundação da Rádio Aparecida.
- A ela dedicou anos de sua vida e foi seu diretor-geral na década de 1960.
- Faleceu em Aparecida, no dia 21 de julho de 1987.
- Seu processo de beatificação foi aprovado em Capítulo Provincial dos Missionários Redentoristas de São Paulo, em 1998. Em agosto de 2006, concluída a fase do processo de beatificação na Arquidiocese de Aparecida, toda a documentação foi enviada a Roma.
- Seus restos mortais repousam no Memorial Redentorista, nos fundos do convento velho, na praça central da cidade de Aparecida.

Primeiro dia

SUA INFÂNCIA EM FAMÍLIA

"Por isso o homem deixará seu pai e sua mãe e se unirá a sua mulher, e os dois serão uma só carne" (Ef 5,31).

No primeiro dia de nossa oração queremos rezar pela família e, melhor ainda, rezar em família, na qual aprendemos a balbuciar, a falar, a engatinhar, a caminhar... A família é sustentada pelo amor entre pessoas que se doam, que se comprometem, que se perdoam e são fiéis. A fidelidade e o perdão dão sustento ao matrimônio nascido no amor. Não foi diferente com os pais de Vítor Coelho.

O pai de Vítor, senhor Leão Coelho, descendia de portugueses e franceses radicados no Estado do Rio de Janeiro e teve boa formação humanitária. A mãe descendia de família tradicional de Minas Gerais e chamava-se Sebastiana Alves Moreira. Os dois se encontraram na cidade de Sacramento, no Triângulo Mineiro, e lá se casaram, em 1897. Leão era bem mais velho que Mariquinha – este era o apelido de Sebastiana –, havendo treze anos de diferença de idade entre eles. Leão e Mariquinha tiveram cinco filhos: José, Vítor, Leão, Maria Cândida e Veriana. Leãozinho morreu menino e Veriana tornou-se religiosa na Congregação do Bom Pastor, falecendo muito jovem, devido à tuberculose. Na família, foi a segunda vítima ceifada por essa doença. A primeira foi a mãe, Mariquinha.

Vítor ficou órfão de mãe muito cedo, pois Mariquinha faleceu com apenas vinte e oito anos de idade, deixando Vítor com oito anos. E agora Leão? Viúvo, com os filhos pequenos para educar e o sustento da casa a ser provido. Ele era professor, mas, de natureza algo nômade, gostava de viajar, de ensinar em fazendas. Tentara outros serviços, mas não tinha lá muito jeito para encargos administrativos nem gosto para fixar residência em um mesmo lugar.

Ao longo de sua vida, repetidas vezes, Vítor vai recordar aquele tempo escrevendo sobre as dificuldades que a família enfrentara nos tempos idos de sua infância. Em carta ao irmão José, depois de muitos anos já passados, ele relembrou com carinho, ternura e saudade o tempo em que viveram no Rio de Janeiro. Escrever cartas – hábito hoje perdido para a tecnologia – revelava a sensibilidade de alguém em terna sintonia com o destinatário. Tempo bonito o de escrever e o de aguardar uma carta... Uma partia e, permeada pela espera, outra chegava...

> Já faz tempinho, hein? Lembro-me muito de você, cada dia e com muita complacência e benevolência. Isso não dispensa de mandar cartinhas, mesmo que sejam monótonas: te amo, te amo! É a nossa velha cantiga, tão bonita como as que mamãe cantava com sua vozinha de contralto. Lembro-me das melodias de todas elas. Enquanto aguardávamos a volta de papai... Veriana ainda mamava, Mariazinha dormia, você estava no Matoso e eu, com sete ou oito anos, aprendia muita coisa boa com mamãe.

Família completa, pai, mãe, filhos, emoldurados pela pobreza e singeleza do lar. Evocações do passado... Quem não se lembra dos dias de infância, que, mesmo distantes, no passado, se fazem tão presentes na memória... Fim de tarde, descanso de domingo, almoço festivo, visitas familiares... Presente de Natal, quem sabe uma viagem, uma romaria... Boletim escolar, primeira comunhão. Tudo remete a nossa infância... A de Vítor foi interrompida devido à morte da mãe e à separação dos irmãos. Contudo, ele jamais perdeu o sentido de que, mesmo nas dificuldades, este tempo precioso deu significado a sua vida. Sempre atento aos pormenores do cotidiano vivido, especialmente atento à irmã Mariazinha, ele escreveu muitas cartas cheias de cuidado e de afeto. Recordava, com particular carinho, as datas festivas. Em 1937, em meio a seus afazeres de Missionário, ele escreveu à irmã:

> Não se esqueçam de que dia vinte de janeiro fará quarenta anos que o professor Leão e Dona Mariquinha se casaram. Se o papai não puder ir até aí, não deixem de lhe mandar os devidos parabéns. Celebrarei a missa naquele dia nessa intenção, pelo papai, pela mamãe, por todos...

Algumas cartas foram resgatadas dos pertences da família e conservadas por Mariazinha. Nelas há a beleza da comunicação simples, na qual pedir informações e passar as próprias notícias revelam-se quase que uma oração. Sim, oração do cuidado com o outro, com a vida do outro, embora vivendo distantes... O pai, perambulando de fazenda em fazenda, a ensinar a meninada; o missionário, no Estado de São Paulo; José, o mais velho, no Estado do Rio de Janeiro, e Mariazinha, professora em Araxá. Uma vez o senhor Leão escreveu a Padre Vítor: "Faz três anos que não nos vemos, mas eu me acostumei a viver com vocês em espírito. Em orações diárias, eu os vejo todos os dias".

Quando Padre Vítor trabalhou na catequese em Araraquara, deu especial atenção às famílias das crianças. Quando atuou nas Missões Populares, procurou aperfeiçoar as conferências de estados civis, isto é, reuniões para solteiros e casados. Essas conferências eram feitas em separado para homens, mulheres e jovens, mas todas elas sempre ressaltando a importância fundamental da família. No tempo em que trabalhou na Rádio Aparecida, em quantos programas ele enfatizava a necessidade de a família estar unida, rezar junto, dialogar. Em seu livro "Os ponteiros apontam para o infinito", ele dedicou muitas páginas à família.

> É maravilhoso nosso conceito de Deus, no cristianismo, em que ser Pai e ser Filho, e ser união amorosa que procede do Pai e do Filho, constituem uma Trindade de Pessoas na própria essência divina.
>
> Que beleza a paternidade, a filiação e o amor, quando as aves constroem os ninhos e, em transportes de alegria e gorjeios, geram e se tornam a providência dos filhotinhos. Mas é ao homem que Deus faz participante, de um modo elevado e relativamente perfeito, dessa paternidade e providência.
>
> A família é um reflexo natural da Santíssima Trindade. A paternidade e a maternidade possuem matizes do encanto com que o Pai eternamente diz ao Verbo divino: "Tu és meu filho... eu te gerei". Os filhos são retratos e reflexos dos pais. O amor constitui o nexo e o complemento do lar. Bem se vê que o homem foi feito à imagem e semelhança de Deus!

Poesia e teologia de mãos dadas para falarem de uma realidade humana na qual homem e mulher escolhem, a partir do amor, formar um novo lar, uma nova família. É na família que as experiências humanas e cristãs são experimentadas por primeiro e onde o caráter é moldado. Quanto sofrimento quando a família se vê diante da separação dos pais ou do afastamento dos filhos para lugares distantes. Quão difícil quando a situação econômica impõe restrições aos pais e estes não podem oferecer aos filhos o necessário para uma educação apropriada. Ou quando o desemprego fere a dignidade da família, levando esta a sentir o peso da escassez ou mesmo da ausência dos bens necessários para o dia a dia, e, ao chegar a doença, assistência e remédios ficam fora do alcance de todos. Também se faz dor quando a solidão da velhice vem chegando devagar, desconectando os pais da realidade e os filhos não o percebem... Tudo isso nossa oração em família de hoje quer lembrar para nos fazer refletir.

Padre Vítor, em suas exortações aos fiéis, apoiava-se nas palavras do salmista: "Dom do Senhor são os filhos, é recompensa sua o fruto das entranhas..." (Sl 127). E no ensinamento da Igreja, através do Papa Pio XI, que escreveu sobre o casamento: "Entre os bens do matrimônio, ocupam o primeiro lugar os filhos". E sempre completava oferecendo o exemplo da Virgem Maria, mãe de Jesus, e de seu "Sim" incondicional ao projeto do Pai. "Maria o aceitara livremente, quando um anjo lhe trouxera a embaixada do céu; bem conhecendo ela todos os martírios que, da maternidade divina, lhe adviriam; sim, mas crendo fielmente nos oceanos de glória para Deus e de felicidade para o mundo em que resultariam."

É no seio da família e por meio dela que aprendemos os primeiros e mais rudimentares gestos e também o mais belo e fecundo: o amor! Isto aprendemos ao ver a doação dos pais, ao entender o cansaço oriundo do trabalho, ao testemunhar o esforço de diálogo com os vizinhos, o trato afetuoso com os amigos, a participação na comunidade, a caridade para com o mais fraco e necessitado, seja em casa ou fora dela, lição que, infelizmente, tantas vezes não é ensinada nem aprendida nos dias de hoje... A frequência aos sacramentos testemunhada pelos pais é a maior catequese que se pode oferecer aos filhos. Vendo esse bom exemplo, os filhos seguirão os pais na vida eclesial e na vivência cotidiana de valores imutáveis do cristianismo, como o cuidado com a vida, a fidelidade, o perdão... Padre Vítor foi um batalhador incansável ao educar para a defesa da vida, apontando e esclarecendo os males do aborto. Numa época em que separação entre marido e mulher quase não acontecia, ele foi como um guardião da indissolubilidade matrimonial. Homem e mulher, "uma só carne", unidos no amor...

> No livro do Gênesis, no relato da criação, Deus é o criador. Criou homem e mulher. Criou-os para se relacionarem. Deus pensou: "Não é bom que o homem fique sozinho". E o senhor fez a mulher e a colocou ao lado do

homem, porque a mulher não é como os animais. Ela é como o homem, igual em natureza e dignidade, ela também é espírito, é pessoa, é liberdade e responsabilidade. A mulher recebeu a vida divina, a graça santificante, como Adão também recebeu. Ela não é escrava, não é inferior, mas em tudo igual, semelhante ao homem.

Como é bonito meditar isto: Deus nos criou para o amor, Deus nos criou por amor. A família existe como expressão do próprio Deus. Como o Pai e o Filho se amam no Espírito Santo, marido e mulher, filhos, povoados, nações, humanidade inteira devem ser a imagem do amor eterno, da família eterna. E Deus abençoou: "crescei e multiplicai-vos, enchei a terra". Que Deus nos ajude a amar-nos, porque justamente o amor é a força da história no mundo. Amai a Deus sobre todas as coisas, amai aos irmãos por causa de Deus, o grande mandamento de Deus é este: Amor.

Quando aconteceu o Sínodo dos Bispos em 1980, Padre Vítor ficou bem atento a ele e encareceu a seus ouvintes que rezassem por aqueles que discutiam sobre a família. Em novembro de 1981, o Papa João Paulo II divulgou a Exortação Apostólica *Familiaris Consortio*, sobre a função da família cristã no mundo de hoje. O documento afirma ser a família um dos bens mais preciosos da humanidade. Diligente, Padre Vítor leu, rezou e explicou o documento a seus ouvintes, na Rádio Aparecida.

O Papa Francisco, celebrando com a Igreja a festa da Sagrada Família no final do ano de 2013, fez uma recomendação muito importante para o bom e amoroso convívio diário na família. Que os membros das famílias saibam dizer: "Com licença, desculpa e obrigado!"

Oração

Senhor Deus e Pai, ajudai-nos a viver o amor recíproco em família. Que possamos perdoar e ser perdoados ao fim de cada dia. Que não nos faltem o trabalho e o pão cotidianos. Que sejamos fiéis em nossos compromissos e que vossa força nos ajude a valorizar e a respeitar o dom da vida. Inspirai-nos para que sejamos perseverantes cuidadores do amor e vida e participantes da comunidade cristã. Que cada casal seja dom e reflexo do amor e da misericórdia divina em nosso dia a dia. Abençoai nossos pais, nossos filhos, nossos avós, nossos netos, nossos sobrinhos e todos aqueles que a nós se achegaram neste dia de hoje. Que Maria de Nazaré, a mãe presente na Sagrada Família, seja nossa intercessora. Amém.

Segundo dia

A FORMAÇÃO RELIGIOSA
E SACERDOTAL

"A colheita é grande, mas poucos os operários! Pedi, pois, ao Senhor da colheita que envie operários para sua colheita" (Mt 9,37-38).

São passados mais de cem anos desde o momento em que, menino, Vítor entrou para o Seminário Redentorista Santo Afonso em Aparecida. Órfão de mãe e sob os cuidados de outras pessoas da família, seu pai rezou para que Nossa Senhora Aparecida intercedesse por ele. O próprio Vítor sempre se recordava de Nossa Senhora Aparecida, porque recebera de sua mãe, como especial presente, uma medalhinha da santa, recomendando-o à proteção de Maria. Os caminhos de Deus na história humana...

Um primo padre, que residia no Rio de Janeiro, levou-o para internatos na capital. Vã tentativa. O menino não se adaptava. Em viagem de volta, pararam na cidade de Aparecida. Vítor foi deixado no seminário. Com ou sem vocação, o menino estava sob a proteção de Nossa Senhora e sob os cuidados dos missionários redentoristas. Graça alcançada para o menino pobre e de família desestruturada. No seminário, quase foi mandado embora, mas a graça de Deus falou mais alto.

> Minha infância foi uma coisa muito esquisita. Perdi minha mãe quando tinha oito anos. Muitas vezes fiquei sozinho no meio da molecada. Fui moleque danado. Não pensava em ser padre, até os onze anos de idade. Infelizmente tive uma infância muito carente da verdadeira retidão. [...] Eu não tinha formação religiosa nem conhecia as coisas lindas da religião. Como é que ia então querer ser padre? Eu não sabia a beleza de ser padre. Quando o diretor me perguntou se eu queria ser padre, eu disse não. Então ele disse: você fica aqui uns dois meses para não ofender seu primo e depois você volta para sua casa, porque aqui

só se estuda para ser padre. Mas eu achei tão bonito, que fiquei encantado com tudo do seminário. Eu quis ficar, fui criando gosto.

Sob a vigilância dos superiores, cercado de bons companheiros, instruindo-me na religião, é claro que fui me transformando. Igualmente o desejo de ser redentorista brotou aos poucos em meu coração. No começo o desânimo quase me fez deixar o redil. Mas passada estas primeiras tempestades, foi firmando-se em mim a aspiração e resolução em ser religioso. Atravessei tentações contra a vocação. Nestas ocasiões, para não dar passo em falso, recorria a Nossa Senhora, punha em suas mãos a vocação, e tudo passava.

O Seminário Santo Afonso, em Aparecida, havia sido fundado em 1898, pelos missionários redentoristas, quatro anos após chegarem ao Brasil e assumirem o Santuário de Nossa Senhora Aparecida. O cotidiano era o de uma instituição que, embora estivesse apenas começando, já trazia a tradição dos seminários da Europa, obedientes às normas rígidas da Igreja, estabelecidas desde o Concílio de Trento. Disciplina, estudos e muita oração faziam parte do preparo para o altar do Senhor. A movimentação era intensa: Padres e Irmãos cuidando com afinco do Santuário e romeiros chegando todos os dias e todas as horas à cidade. Nesse ambiente, Vitinho – como era chamado por seu pai – recebeu, durante seis anos, acurada formação. Depois dos exames e colóquios, chegou o momento de perscrutar mais profundamente o desejo de tornar-se religioso e de dedicar-se, ainda mais zelosamente, à preparação para a consagração religiosa: o noviciado.

O ano de noviciado, obrigatório para todo candidato à vida consagrada, tem uma programação específica que visa a inculcar o entendimento e a vivência mais profundos do carisma da Ordem ou Congregação na qual se está inserido. Vítor foi para a cidade de Perdões (SP), no verdor de seus dezoito anos. Ascese e mística foram a tônica para aquele ano preparatório para tornar-se redentorista. Ao final, fez a profissão religiosa, emitindo os votos de pobreza, obediência, castidade e perseverança. Este último, uma particularidade da Congregação Redentorista.

Ser consagrado numa congregação, fazer os votos ou obrigar-se de modo especial a uma vida de perfeita caridade, eis a vocação de "religioso".

Todos os cristãos são chamados para a perfeita caridade, mas o estado religioso tem de ser o "estado" de perfeita caridade. Isso porque a pessoa que abraça esse estado de vida assume compromissos e obrigações que os outros cristãos não se obrigam a ter, como, por exemplo, viver em castidade perfeita, praticar a pobreza e, pela obediência aos superiores, disciplinar o uso da liberdade em favor do Bem. Chama-se o "estado de perfeição".

Perfeitos têm de ser todos os cristãos. Sem os compromissos da vida religiosa, uma esposa e mãe pode ser um modelo de perfeição na caridade, mas o "estado religioso" apresenta horizontes incomparáveis e oferece recursos adequados para a vida de "caridade perfeita".

Por isso, Jesus disse àquele bom rapaz: "Se queres ser perfeito, vende tudo o que tens, dá-o aos pobres e vem seguir-me!" Aquele moço era muito rico e não teve ânimo de abandonar a opulência para acompanhar o Cristo. Cabisbaixo e triste, resistiu à vocação... Se ele tivesse ouvido a voz de Jesus, seria hoje um apóstolo, seria um santo? Essa fidelidade corajosa de seguir a vocação impõe-se a quem claramente conhece o chamamento divino.

Ora, idealismo e capacidade são os dois sinais da vocação. O idealismo dá-se quando alguém se sente entusiasmado por certa carreira e compreende o que há de caridoso, digno e obrigatório naquela escolha. Quando alguém é constantemente batido pelas ondas íntimas do Espírito Santo, que convida a deixar tudo e abraçar a vida de "perfeita caridade", tem um sinal de "vocação religiosa". Mas esse idealismo só não basta. O realismo da experiência, em muitos anos de preparação, é que dará a certeza de capacidade. Há noviciados e seminários em que as qualidades físicas, intelectuais, morais etc., são postas à prova, para haver certeza suficiente de idoneidade.

A consagração religiosa era o coroamento da resposta dada a Deus que o chamara, ainda que de modo não muito habitual. Os surpreendentes e misteriosos caminhos da vida... Vítor tinha plena consciência dessa escolha e dizia e repetia que a misericórdia de Deus o resgatara para a nobre missão. Nobre e árdua missão, acolhida com zelo e amor.

Depois do noviciado, hora de iniciar os estudos de filosofia e teologia. O estudo de filosofia, Frater Vítor Coelho iniciou-o em Aparecida. Mas, em janeiro de 1920, partiu, com outros confrades, para a Alemanha, a fim de dar continuidade a sua formação. A nova residência era na Província de Baviera, na Vila de Gars, banhada pelo rio Inn, quase na divisa com a Áustria. A Baviera e seus lindos campos que margeiam o rio Inn têm como padroeira a virgem Maria de Altötting. Com colegas do Brasil, da Alemanha e da Áustria, Vítor estudou filosofia e, em seguida, teologia.

Durante sua permanência na Alemanha, contraiu tuberculose. Vítor já perdera sua mãe e sua irmã Veriana, ambas muito jovens, em consequência dessa doença. Enfrentar o gélido inverno da Europa era uma prova de fogo para o jovem brasileiro. O caso inspirava cuidados. A solidão de uma enfermaria, a luta quase impotente dos médicos, a febre que ardia e consumia o corpo doente, tudo figurava um doloroso calvário, ainda mais doloroso, porque experimentado e sofrido em terras estranhas, num país distante.

Com heroísmo, ele chegou ao final de sua etapa formativa. No dia 5 de agosto de 1923, ele recebeu a ordenação sacerdotal das mãos do Cardeal Faulhaber, de Munique. Uma semana depois celebrou sua primeira missa na

igreja conventual dos redentoristas, em Forchheim. Na ocasião ele enviou um cartão-
-postal da igreja a seus familiares.

> Queridos,
> No dia doze celebrei minha primeira mis-
> sa. Graças a Deus. Pensei muito em todos e
> rezei por cada um. A festa esteve belíssima,
> hei de escrever uma carta em que conte os
> pormenores, vou ver se lhes mando algumas
> fotografias.

Vítor Coelho de Almeida, o Vitinho, tornara-
-se sacerdote do Senhor. Padre Vítor, depois
chamado por seus confrades de Padre Coelho,
iniciava um tempo novo em sua vida. Chamado ao serviço do altar, acolhera com seu "sim"
a graça divina. Permaneceu ainda mais um ano
na Alemanha para completar seus estudos, pois,
conforme o costume da época, algumas disci-
plinas voltadas para o trabalho pastoral, assim
como a preparação para ministrar o sacramento
da confissão, aconteciam depois de recebida a
ordenação. Ainda emocionado, ele escreveu a
Veriana, religiosa do Bom Pastor, alguns dias
após sua ordenação.

Pode imaginar a mistura de sentimentos que me assaltaram a alma ao despertar na manhã inolvidável: a alegria, porém, era o sol que aclarava tudo e tornava róseos mesmo os rochedos mais escabrosos de algum movimento de temor ou semelhante.

O momento por assim dizer, o mais terrível, é aquele em que um por um se aproxima, os diáconos, para ajoelhar aos pés do bispo e receber aquela imposição das mãos que lhes imprime na alma o caráter e lhes confere o poder sacerdotal, pois, como de certo sabe, esta imposição das mãos é o essencial na ordenação, sendo tudo mais somente preparação, explicação ou consequência desse único ato. Pode imaginar o que senti naquele momento. O dia da ordenação é também o dia da primeira missa, já que todos os ordinandos rezam com o bispo toda a missa desde o ofertório e consagram todos juntamente, o pão, pois tantas missas quantos são os consagrantes. Os neossacerdotes, porém, só recebem espécie de pão pelas mãos do bispo.

Um tempo longo se passara desde a entrada para o seminário até o dia da ordenação sacerdotal... Vitinho, o menino arteiro, era ministro do altar do Senhor.

Oração

Senhor Deus e Pai, vós que cuidais de cada pessoa de modo tão particular, olhai pelos contemplados com a vocação para a vida consagrada. Àqueles que são chamados para a consagração religiosa, dai-lhes força e coragem para uma resposta autêntica e feliz. Suscitai no coração dos jovens um amor imenso que os faça capazes de deixar tudo para seguir os vossos passos. Dai perseverança aos que já iniciaram seu processo formativo. Inspirai os formadores para que possam, a exemplo de seu filho Jesus Cristo, serem testemunhas diante dos jovens a eles confiados. Que Maria, tal como no cenáculo junto aos apóstolos, seja a intercessora de todos os vocacionados à vida consagrada. Amém!

Terceiro dia

O MINISTÉRIO SACERDOTAL

"E vos darei pastores conforme meu coração, que vos apascentarão com conhecimento e prudência" (Jr 3,15).

Depois de uma longa caminhada formativa, no Brasil e na Alemanha, Padre Vítor Coelho estava apto a exercer o ministério sacerdotal no campo de atuação da Vice-Província Bávaro-Brasileira dos Missionários Redentoristas. Trazia, em seu coração e em todo o seu ser, o dom inefável da graça divina que ecoa há milhares de anos: tu és sacerdote para sempre! Ele viveu sessenta e quatro anos – quase toda a sua vida – conforme o dom que Deus lhe concedera: o ministério sacerdotal.

Certa vez, em um programa catequético da Rádio Aparecida, Padre Vítor falou da escolha dos doze apóstolos, associando essa escolha, feita por Jesus, ao chamado ministerial. Ele partiu dos Evangelhos sinóticos para fundamentar sua fala, ao modo de uma aula radiofônica. Cita o capítulo dez de Mateus, que se inicia imediatamente após a constatação – feita no capítulo nove – de que faltam pastores para a messe. Com o chamado apostólico, os doze escolhidos recebem a missão de combater o mal, curar os doentes e, mais ainda, anunciar que o Reino de Deus está próximo. Em Marcos 3,13, Jesus chama os doze para a montanha – lugar *teológico* do encontro com Deus – e os envia com a missão de anunciar a Boa-Nova. Em Lucas 6,12, a escolha dos doze é precedida de oração. "Naqueles dias, ele foi à montanha para orar e passou a noite inteira em oração a Deus. Depois que amanheceu, chamou os discípulos e dentre eles escolheu doze..."

São Marcos diz que Jesus *constituiu* os Doze. A palavra grega "epeuesen" significa constituiu. É a mesma palavra que se usa no Antigo Testamento para dizer que Deus "fez"

Moisés e Arão sacerdotes. Assim, os Apóstolos foram constituídos por Jesus (à semelhança de Moisés e Arão, quando estes se tornaram os sacerdotes do Antigo Testamento).

São João também mostra os "Doze" como os escolhidos, chamados, enviados, autorizados, capacitados pelo próprio Jesus para o grande ministério da Igreja. Essa consagração dos Doze é muito bem acentuada por São João 17, em que ele traz a oração sacerdotal. Jesus, ali, fala como "o Sumo Sacerdote". Todos os anos, o Sumo Sacerdote do Antigo Testamento, no "Grande Perdão", pronunciava o Nome de Deus e orava por sua própria pessoa, depois rezava pelos sacerdotes e finalmente pelo povo. "Pai, consagra-os na verdade." É por isso que eles participam do poder de Cristo, isto é, do poder sacerdotal do Filho do Homem, como, por exemplo, do poder de perdoar os pecados: "Como o Pai me enviou, assim vos envio. E, soprando sobre eles, acrescentou: recebam o Espírito Santo e aqueles a quem vós perdoardes os pecados ser-lhes-ão perdoados; aqueles aos quais retiverdes ser-lhes-ão retidos".

Por meio de citações e exemplos, Padre Vítor ia falando também de si mesmo, do sacerdócio que exercia como homem consagrado ao serviço do povo de Deus: evangelizar, batizar em nome da Santíssima Trindade, ensinar e viver tudo o que Jesus ensinara e vivera. Firme na certeza de que Ele, o Cristo, estaria presente no mundo, no meio dos homens e mulheres, até a consumação dos séculos... E como ministro do altar, repetir e celebrar, mergulhado nas profundezas do mistério, nas palavras da última ceia, renovada todos os dias no altar: "Fazei isto em memória de mim...". Agradecimento e memorial da eterna e amorosa presença do Senhor conosco e em nós.

O ministério sacerdotal de Padre Vítor foi exercido, em primeiro lugar, como catequista na igreja Santa Cruz, em Araraquara (SP). Padre jovem, recém-ordenado, ele introduziu crianças e adultos na instrução básica da fé. Nas Missões Populares, foi exímio pregador e cativava os fiéis com sua pedagogia clara e objetiva de padre missionário itinerante. Como radialista, na Rádio Aparecida, por mais de trinta anos foi titular de programas bíblico-catequéticos que abrangiam os mais variados temas, procurando ligar os ensinamentos da fé às demandas da vida diária. Sacerdote zeloso, formado antes das mudanças do Concílio Vaticano II, soube acolher os documentos conciliares que renovaram a Igreja e, mais ainda, soube repassá-los a seus ouvintes de maneira simples e facilitada.

Em programas dedicados ao estudo da Carta aos Hebreus, sua fala tinha tamanha unção que amigos e confrades, que o ouviam, ficavam admirados com sua profunda convicção. Não falava simplesmente do fato de exercer o ministério sacerdotal, mas da grandeza deste dom divino naqueles com ele agraciados. Da Carta aos Hebreus 4,16; 5,1.4-9.

> Aproximemo-nos então, com toda a confiança, do trono da graça para conseguirmos misericórdia e alcançarmos a graça de um auxílio no momento oportuno. De fato, todo sumo sacerdote é tirado do meio dos homens e instituído em favor dos homens nas coisas que se referem a Deus, para oferecer dons e sacrifícios pelos pecados.
>
> Ninguém deve atribuir-se esta honra, senão o que foi chamado por Deus, como Aarão. Deste modo, também Cristo não se atribuiu a si mesmo a honra de ser sumo sacerdote, mas

foi aquele que lhe disse: "Tu és meu Filho, eu hoje te gerei". Como diz em outra passagem: "Tu és sacerdote para sempre, na ordem de Melquisedec".

Cristo, nos dias de sua vida terrestre, dirigiu preces e súplicas, com forte clamor e lágrimas, àquele que era capaz de salvá-lo da morte. E foi atendido, por causa de sua entrega a Deus. Mesmo sendo Filho, aprendeu o que significa a obediência a Deus por aquilo que ele sofreu. Mas, na consumação de sua vida, tornou-se causa de salvação eterna para todos os que lhe obedecem. De fato, ele foi por Deus proclamado sumo sacerdote na ordem de Melquisedec.

Padre Vítor tinha consciência do dom que recebera de Deus e de como Ele se manifestara ao longo de toda a sua caminhada vocacional. Era preciso corresponder a esse dom com solicitude e zelo missionário. Quando escreveu a sua irmã, falando do momento solene e desejado da imposição das mãos, no dia de sua ordenação sacerdotal, ele diz ter sentido este mistério tocar profundamente seu coração. Durante toda a sua vida de sacerdote, ele trabalhou apenas dois anos em uma paróquia. Todo o seu ministério foi exercido nas Missões Populares, na Basílica de Nossa Senhora Aparecida e na Rádio Aparecida. Dedicou-se com apaixonado ardor a esses serviços, buscando vivenciá-los com um coração conforme o coração de Deus, segundo as palavras do Senhor ao profeta Jeremias (Jr 3,15). Se por muito pouco tempo esteve diretamente ligado a uma paróquia, jamais esteve longe do povo. Mesmo no período de afastamento e repouso devido à tuberculose, ele encontrou no meio dos doentes um campo generoso de apostolado. Sua explicação sobre sacerdócio comum e sacerdócio ministerial evidencia seu jeito fácil e sensível de lembrar ao povo a importância da missão a que são também chamados todos os batizados.

> A participação do padre é essencialmente diversa da participação do povo. A participação do padre chama-se sacerdócio ministerial e a participação do povo chama-se sacerdócio comum. Pela ordenação sacerdotal alguém se torna padre, isto é, recebe para sempre a faculdade sobrenatural de "agir na Pessoa de Cristo", para realizar em Cristo, por Cristo e com

Cristo, determinados atos próprios do mesmo Cristo. O sacerdote tem a missão de proclamar eficazmente o Evangelho, congregar e governar a Comunidade, perdoar os pecados e, sobretudo, presidir a celebração da Eucaristia.

Assim o sacerdócio ministerial do padre torna presente o Cristo a exercer sua função de Redenção humana e de perfeita glorificação do Pai. Deste sacerdócio ministerial do padre fica dependendo o sacerdócio comum, próprio de todo cristão. No batismo todos os cristãos recebem a faculdade e o direito de participarem do sacerdócio de Cristo nos sacramentos, principalmente na missa.

O povo unido a Cristo pelo batismo tem a honra de "subir" até ao Pai, por Cristo, com Cristo e em Cristo, para oferecer a Deus o grande sacrifício que Jesus consumou de uma vez para sempre na cruz, mas que ele reapresenta – apresenta de novo – em cada missa, pelo ministério do padre.

Por Cristo, nele e com Ele o cristão é também a oferenda apresentada ao Pai e faz a oblação e o oferecimento em união com o padre e Jesus. Por Ele, nele e com Ele (na missa) "subimos" ao Pai para honrar, agradecer, pedir e reparar (as culpas). Tal é o sacerdócio comum de todas as pessoas batizadas, que, como vimos, só se concretiza pelo padre revestido do sacerdócio ministerial.

Grande comunicador, Padre Vítor privilegiava uma linguagem acessível, de modo que a reflexão alcançasse todos aqueles que buscavam maior entendimento e vivência da fé enquanto batizados. O sacerdócio ministerial, o sacramento da Ordem que Padre Vítor recebeu, ele o exerceu com profundidade e humanidade. Foi um padre exemplar. Missa diária, pregação da Palavra de Deus, catequese a partir da Bíblia e dos documentos da Igreja. Tinha o coração totalmente voltado para Deus e para o povo.

O Papa Francisco, ao falar de pastoreio, de como viver bem o ministério sacerdotal, disse que é bonito "quando o pastor tem o cheiro das ovelhas". Pois através das ondas da Rádio Aparecida, Padre Vítor vivia bem próximo de seu rebanho, guardando-o com o carinho de quem sabia que a ele fora enviado.

No longo tempo que morou em Aparecida, ele fazia questão de ir, todos os dias, até a praça para estar com o povo e posar para fotografias com os romeiros. A alguns, podia parecer vaidade ou mesmo capricho pessoal, mas a verdade é que ele queria estar no meio do povo, ocasião propícia para um sorriso, uma palavra amiga, atender um pedido de bênção... Momento para o pastor falar de perto com as ovelhas que ouviam sua voz através do microfone...

Seus programas de rádio, feitos ao vivo, seja no altar da Basílica ou nos estúdios, eram sempre a expressão de um padre feliz. Falava de assuntos e temas diversos, mas o coração de quem falava era sempre o mesmo: o coração sensível e amoroso do pastor identificado com o coração do Pai e com o coração de suas ovelhas.

Oração

Senhor nosso Deus e Pai, que para vossa glória e nossa salvação constituístes Jesus Cristo sumo e eterno sacerdote, concedei a vosso povo, resgatado por seu sangue, que, ao celebrar o memorial de sua Paixão, receba a força redentora de sua cruz e ressurreição. Nós vos pedimos por todos os sacerdotes para que, por sua ação e oração, sejam realizados na vocação que receberam de vós. Amém.

Quarto dia

A FORMAÇÃO DE COMUNIDADES

"Sereis minhas testemunhas em Jerusalém, em toda a Judeia e a Samaria e até os confins da terra" (At 1,8).

A missão de todo cristão é precisamente fazer com que o nome de Jesus seja conhecido, professado e sua mensagem vivida no dia a dia dos homens e mulheres que a acolham. O mandato evangélico fala justamente do anúncio desta Boa Notícia a todas as gentes, batizando-as em nome da Santíssima Trindade (Mt 28,19). É a eminência do Reino de Deus que já chegou e está no meio de nós (Mc 1,15). A Igreja sempre se preocupou com o ensino, a catequese e a explicitação da Palavra de Deus. O apóstolo Filipe, a pedido de um etíope que peregrinava em Jerusalém, explicou-lhe o que ele, o etíope, lia no livro do profeta Isaías. O profeta falava do Messias, de Jesus, o Filho de Deus. Ao final, o peregrino, maravilhado, pediu e recebeu o batismo (At 8,26-40).

Como rezamos anteriormente, o primeiro trabalho de Padre Vítor depois que voltou da Alemanha, onde terminara os estudos, foi o de catequista em Araraquara. Naquele tempo, o padre recém-ordenado não partia logo para o campo apostólico, mas ficava alguns anos sob o cuidado e orientação de um padre mais experiente e, geralmente, a serviço da catequese. Esse serviço consistia em preparar catequistas, trabalho pastoral exercido quase que exclusivamente por mulheres, por terem sido sempre as mulheres as que mais se dispuseram e se dedicaram à formação cristã das crianças em nossas igrejas. A tarefa de formar catequistas exigia do próprio padre que também ele se tornasse catequista junto às crianças. E isto Padre Vítor fez com exemplar pedagogia. Encenações bíblicas, teatro relatando a vida de santos, festa no dia da primeira comunhão e outras inovações que eram verdadeiras surpresas para aquela época.

Sem dúvida, a catequese determina a vitalidade eclesial e concorre também de forma determinante para a formação da identidade do cristão. Ainda que seja um trabalho suplementar à missão da família de formar cristãmente os filhos, a catequese é a base para uma Igreja viva, engajada e inserida na sociedade. Na catequese se aclaram e se robustecem as verdades da fé, da experiência bíblica e da Tradição da Igreja. Jamais deve ser pensada apenas como preparo para a recepção dos sacramentos, mas como meio de propiciar um entendimento que possibilite uma caminhada que liberte e salve a pessoa humana. A catequese não só prepara alguém para a entrada na comunidade, mas a catequese forma a comunidade.

A preparação para os sacramentos da iniciação cristã sempre foi o motivador inicial para a busca da Catequese, mormente para as crianças. Batismo, Eucaristia e Confirmação como os sacramentos que nos colocam no seio da comunidade eclesial. Antes, o batismo não exigia preparação de pais e padrinhos, supondo-se que a família vivia tempos de tranquilidade e estabilidade. Hoje se percebe como necessária essa preparação.

Padre Vítor falava do batismo como momento de compromisso e de inefável alegria. Momento de inserção na comunidade cristã. E, sobretudo, momento de adesão profunda a Jesus Cristo.

> O lar, a paróquia e a escola são os três primeiros reveladores e fixadores da mais inefável realidade cristã: a graça santificante, Deus em nós, a vida e o amor divinos derramados em nosso íntimo pelo Espírito Santo. Quando pequeninos fomos apresentados para o sacramento do batismo, o sacerdote perguntou a cada um de nós: "Que pedes a Igreja de Deus?" Os padrinhos responderam (em nosso nome): "Pedimos a fé católica; tudo o que o cristianismo contém..."
>
> A fé, que vantagem traz?
>
> – "Traz-me a vida eterna."
>
> – Bem, se queres entrar para a vida sobrenatural, guarda os (dois grandes) mandamentos: "Amarás ao Senhor teu Deus de todo o coração, de toda a tua alma, e com toda a tua mente; e ao próximo como a ti mesmo".
>
> [...] "Eu te batizo em nome do Pai e do Filho e do Espírito Santo". Foi o momento mais importante de nossa vida. Nós que, nascendo

de nossa mãe, recebêramos a vida humana; nascendo de novo, "pela água e pelo Espírito Santo", recebemos a vida divina. Uniu-se, naquele instante, a nossa alma com Jesus, qual galhozinho que se prende ao tronco para dele viver e haurir seiva, crescer e produzir frutos. O sagrado crisma com que o sacerdote, imediatamente, umedeceu-nos a sumidade da cabeça significava justamente essa seiva de energia divina com que o Cristo nos havia de alimentar e sustentar.

Que maravilha contemplar a alegria dos pais e dos padrinhos diante da riqueza da celebração do sacramento do batismo! Um novo membro se une à comunidade cristã e a família se reúne para festejar e renovar as promessas feitas quando cada um foi batizado

Como formador de comunidades, além de sua dedicação ao trabalho de iniciação cristã na catequese, ao longo de seu ministério, em seus escritos, sejam artigos e livros ou em programas radiofônicos, ele enfatizou a participação na vida da comunidade como meio de alimentar e fortalecer a fé no dia a dia da vida.

Nascendo de minha mãe, tornei-me homem. Mas, nascendo do batismo, eu me torno cristão, pois cristão é homem, a pessoa vitalmente unida a Cristo. De sorte que Jesus fica (na comparação bíblica) sendo o tronco e nós, os galhos.

O Filho, que, eternamente, recebe do Pai a Vida, veio ao mundo para que nós participemos dessa Vida Divina. Ele afirma, em João 6,57, que aquele que o recebe *vive de sua vida*, assim como Ele vive da Vida do Pai. "Nascer do alto" é receber em si a vida divina pelo batismo, vida que a Eucaristia sustenta.

Jesus é a videira, nós os ramos. Jesus é a Cabeça. O povo de Deus é o corpo e cada um de nós é membro. Toda essa união vital com Cristo começou quando nascemos "de novo" e "do alto", pela água e pelo Espírito Santo, no batismo.

Pelo batismo, comecei a fazer parte do Povo de Deus e entrei para o Reino de Deus. Usando uma comparação de Jesus, eu poderia dizer que, no dia do batismo, me tornei um broto daquela videira divina, que é o Cristo, um broto da Igreja. Nasci para a Igreja, nasci para o Reino. Em Jesus, comecei a ter comunhão com o Pai, com o Espírito Santo, com Nossa Senhora, com todo o céu e com todas as criaturas humanas.

Ao nascimento segue-se o amadurecimento. Por isso, Padre Vítor já tinha firme convicção de que a catequese não devia ser apenas preparação para a recepção de algum sacramento, pois, assim sendo, o passo seguinte poderia ser o distanciamento da vida de Igreja. Ele recomendava atividades e ações visando à perseverança das crianças. Incentivou as meninas que faziam a primeira comunhão a entrarem para a Irmandade das Teresinhas, e os meninos, para a Irmandade de São Tarcísio. Era uma maneira de oferecer-lhes meios para não se afastarem da comunhão eucarística e da vida eclesial, levando a consciência cristã a amadurecer progressivamente com o caminhar da vida dos jovens.

Escrevendo sobre catequese no Jornal Santuário de Aparecida, em sua coluna "Janelinha da Arca", ele apontava a necessidade de uma catequese bem fundamentada, que não fosse apenas uma tintura de doutrina distanciada do embasamento bíblico. Acentuava ainda a importância fundamental do testemunho dos pais como referencial e estímulo permanente para a participação na vida da Igreja. Lembrando sua primeira comunhão feita em Uberlândia, sem qualquer prévia preparação, a não ser poucas e rápidas informações de um frade dominicano, em visita pastoral à cidade, comentou: "Não tenho saudade de minha primeira comunhão. Foi feita em afogadilho, quase sem preparação, em uma visita pastoral que Dom Eduardo realizou em companhia de pregadores dominicanos".

Todo o seu trabalho durante anos nas Missões Populares visou, em primeiro lugar, a reforçar a comunidade cristã. Poderiam até faltar aos esforços das missões alguns elementos cristológicos e eclesiológicos, como ele mesmo observou, mas cada Missão era pregada com o ideal de formar e sustentar comunidades. Instruções, palestras, avivamento da fé, exortação e convite para a frequência aos sacramentos, tudo objetivando levar cada fiel a sentir-se parte integrante da comunidade. Ainda que o cruzeiro deixado plantado na cidade evocasse a salvação da alma e que os novíssimos do homem tivessem destaque na pregação, o resultado visado pela Missão era o de formar comunidade de vida cristã. E Padre Vítor suou a batina nesse apostolado. Pregador incansável, acentuava o perdão, a fidelidade e a participação comunitária como elementos para uma vida realizada.

Missionário preocupado com a dinâmica e as interpelações da vida, procurava cuidar de sua própria formação e atualização. As buscas e pesquisas, os estudos exegéticos e teológicos, as incansáveis leituras eram formas de manter-se adequadamente informado para bem servir o povo de Deus. Em seus livros, mormente naqueles em que discorria sobre imagens e idolatria, seu objetivo era o de dar consistente apoio ao cristão que se visse desafiado por algum grupo pertencente a outras denominações quanto às imagens nos templos católicos. Seus escritos sobre o Ato dos Apóstolos, com as explicações para cada versículo, têm mais de cem páginas, com citações de inúmeros autores. Desde os do cristianismo primitivo, passando pelos Padres da Igreja e chegando até os autores modernos.

Passados muitos anos... passados cinquenta anos do Concílio Vaticano II, a Conferência dos Bispos do Brasil – CNBB – propõe que haja uma renovação na vida eclesial. A proposta consiste na "nova paróquia" como comunidade de comunidades. Dentre os vários pontos propostos, tendo em vista a formação das comunidades, está a catequese. Proposta bem consoante o pensamento, os escritos e os sentimentos de Padre Vítor.

> Para que as comunidades sejam renovadas, a catequese deve ser uma prioridade. Um novo olhar permitirá uma nova prática. A catequese, como iniciação à vida cristã, ainda é desconhecida em muitas comunidades. Nesse sentido, os padres, os catequistas e a própria comunidade precisam de uma conversão pastoral. Isso implica em rever os processos de catequese das crianças, dos adolescentes, dos jovens e dos adultos. Também agentes e lideranças da pastoral precisam de catequese permanente. Essa proposta de catequese está totalmente integrada à liturgia, à vida comunitária e à prática da caridade (Estudos da CNBB-104, 2013).

Oração

Senhor Deus e Pai, em vossas mãos colocamos nossos catequistas, reconhecendo, em primeiro lugar, os pais, como responsáveis primeiros pela formação cristã de seus filhos. Em seguida, os padrinhos, para que, com seu testemunho, acompanhem a formação de seus afilhados. Colocamos em vossas mãos os catequistas das comunidades, cujo trabalho pastoral se insere no ministério da palavra, para que, fiéis ao espírito, ecoem e revelem Jesus Cristo por meio do ensinamento e do testemunho de vida. Os grupos de perseverança, os grupos de jovens e todos os que se preparam para participar da Eucaristia e receberem a Crisma. Todos os responsáveis pela vida comunitária, todos os agentes de pastoral e ministros consagrados, nós os confiamos todos a vós, ó Pai, para que perseverem no trabalho e na missão de servir os irmãos e o Reino. Amém.

Quinto dia

A NECESSIDADE DA ORAÇÃO

"Rogo-te, antes de tudo, que se façam pedidos, orações, súplicas e ações de graças" (1Tm 2,1).

Pelo testemunho do próprio Padre Vítor, sabemos que sua infância foi um tanto difícil e que sua formação cristã deixara a desejar. No entanto, depois de entrar para o seminário, tendo a oração como pauta diária em seu programa da formação, foi, pouco a pouco, entregando-se ao bem rezar. Já na vida sacerdotal, seu amor e seu zelo pela oração foram se aprofundando, tendo encontrado, em sua busca diária de intimidade com a oração, o auxílio de mestres que o inspiraram e de ótimos guias na convivência com os confrades.

Quando rezamos, colocamo-nos diante de Deus com pedidos, súplicas, agradecimentos, a sós ou comunitariamente, como recomendou Paulo a Timóteo (1Tm 2,1). Dentre os doutores da Igreja, inspiradores de Vítor, uma especial referência sempre foi Santo Afonso Maria de Ligório, alcunhado "doutor zelosíssimo", grande homem e doutor na oração, além de grande estudioso da teologia moral e de sua aplicação em vista de uma pastoral libertadora. Por isso, nada melhor do que seguir, como guia na oração, os ensinamentos e métodos do fundador da Congregação do Santíssimo Redentor.

Padre Vítor, o Vitinho, no dia a dia da vida de seminarista, foi devagar, percebendo o valor e a importância da oração em sua vida. A prática da oração fê-lo encontrar sua vocação e perseverar nela. O ano de noviciado, dedicado inteiramente ao recolhimento e à oração, fez dele um homem de oração. Fé e oração tão intimamente interligadas, que uma supõe a outra: aquele que crê e ama põe-se, na oração, em comunhão com a razão de sua fé e de seu amor. Momento de encontro... "A fé é um modo de já possuir o que ainda se espera, a convicção acerca de realidades que não se veem" (Hb 11,1). Existe uma expressão muito usada por quem está imbuído deste espírito de fé: poder da oração! A oração liberta, a oração nos faz livres e a oração nos realiza.

Na Regra antiga da Congregação Redentorista, era proposta uma virtude a ser especialmente vivida a cada mês. Padre Vítor aprendeu que essas virtudes eram meios eficazes para viver no amor de Deus. Ao longo de toda a sua vida, por anos e anos a fio, ele experienciou o valor dessas virtudes. Uma delas foi tornar-se um ser orante.

> Que o redentorista deve, em toda a verdade e em toda a extensão da palavra, ser um homem de prece e oração e de religião profunda, vemo-lo quase a cada página da Regra. As horas numerosas que devemos ocupar a cada dia nos exercícios de piedade bastariam para nos converter. Conhecemos a importância capital que Santo Afonso dá à oração na vida cristã e na vida religiosa e sabemos com que instância ele recomenda que recorramos frequentemente à oração e lhe consagremos os nossos momentos livres. "Sejamos avaros de nosso tempo, dizia, para consagrá-lo à oração."

As orações feitas ao menino Jesus a cada dia vinte e cinco de cada mês durante o noviciado; as orações penitenciais no tempo da Quaresma contemplando o Cristo da Paixão; a via-sacra rezada nos corredores dos conventos e, a cada estação, a recitação do "nós vos adoramos e vos bendizemos porque pela vossa santa cruz remistes o mundo"; o terço rezado individualmente ou com o povo, dedilhando as contas do rosário que cada um trazia pendurado ao cíngulo do hábito; e a Eucaristia, a plena ação de graças, a memória do amor pleno, da entrega total... "Fazei isto em memória de mim", certeza da presença do Senhor para sempre conosco... Tudo oração, tudo ação de graças ao Pai, ao Filho e ao Espírito Santo...

Oração e música, oração e penitência, oração e poesia... Padre Vítor buscou, em cada arte, em cada dimensão humana, expressar o ser que reza e que, enquanto criatura, agradece e enaltece a beleza da criação e do Amor Criador...

É tão lindo o universo; o céu estrelado, o luar, a noite, a madrugada, a estrela da manhã, o nascer do sol...

Como é bonita esta pequenina terra, nas vastidões do espaço! Você contempla e pergunta: "Que inteligência idealizou e que poder realizou tanta variedade na unidade?" E vem a resposta: "Se há inteligência, deve haver o Inteligente; se há maravilhas, deve haver o Poderoso. Deus existe, diz a razão".

A Revelação veio confirmar que Ele existe! A bíblia nos descreve a criação em uma poesia, que não é exatamente o histórico da criação, mas afirma que Deus é o criador.

O rei da criação vive na terra: é o homem, miniatura de toda a obra de Deus, porque o homem é um ser animal, vegetal, mineral e angélico. O homem é "imagem e semelhança" de Deus no ser, no conhecer e no amar. Mas o que o exalta até o infinito é o grande mistério da encarnação: o próprio Filho Eterno do Pai fez-se homem para divinizar a obra criada. Jesus Cristo, Homem-Deus, é a.... grandeza do universo.

Maneiras de rezar, de ver a ação divina no meio de nós. Memória agradecida contemplando os seres criados. Coração voltado ao criador pela grandeza e beleza em que estamos imersos. Quantas vezes Padre Vítor, em seus programas de rádio, falava desse amor incondicional de Deus por nós. E quantas vezes, diante de multidões, ele parecia se perder em face da imensidão e da beleza do mistério do qual falava... Quando foi inaugurada a capela do seminário em sua terra natal, Sacramento (MG), diz um confrade, ele falava sobre o mistério da Santíssima Trindade e, em certo momento, ele, contemplativo, embebido naquilo de que falava, juntou à reflexão as cores dos vitrais que o sol fazia refletir sobre o altar...

A prática cotidiana da vida conventual oferece horários para as orações em comum. Laudes, vésperas, completas, conforme as indicações das Horas Litúrgicas compostas em um Ofício, próprio para religiosos, homens e mulheres consagrados. Além do indicado, cada um procura fazer seu próprio momento de meditação, leituras e orações conforme seu desejo e devoção. Sobre Padre Vítor, o homem de oração, um confrade já idoso, que com ele conviveu longamente, testemunhou.

Era um rezador. Era dos primeiros a chegar à capela de manhã para a meditação. Não perdia nenhum ato da comunidade, a não ser quando viajava. Quando não tinha as mãos ocupadas principalmente com as plantas de seu orquidário, tinha o terço nas mãos. Viajava muito e tinha o prazer em contar como tinha sucedido a viagem e as suas pregações. Não poupava tempo em ir para a praça para atender os romeiros. Ele se perdia, passava o tempo era diante de um microfone. Não falava só de Deus, de santidade, mas falava de humanidades, de saúde e de higiene, de modo especial direcionado para o homem do campo. Penso que isso era uma forma de rezar, pois ele estava em sintonia com o modo de vida que o povo vivia.

O nosso jeito de falar com Deus muda nosso jeito de falar com as pessoas. Os grandes santos foram desafiados interiormente quanto à certeza da eficácia da oração. Para alguns era uma luta constante em busca da serenidade e da confiança na presença de Deus em suas vidas. Santa Teresinha do Menino Jesus, em seu curto tempo de vida, contou o que às vezes sentia, quando devia ir para a capela do Carmelo: às vezes como se carregasse pedras e, outras vezes, como se fosse para um baile. São João da Cruz escreveu sobre o sentimento de solidão e os momentos de deserto, quando se sentia longe da presença do Redentor. A oração sempre fez e sempre fará parte da vida de quem se põe a caminhar numa estrada que leve à santidade. Seja oração individual, seja oração em família ou comunitária...

Ao comentar que sua mãe morrera com apenas vinte e oito anos de idade, ele disse que o Espírito Santo não precisava de muito tempo para realizar a obra misericordiosa do amor. "Mamãe foi uma criatura simples e amorosa. Papai e ela deixaram nas minhas recordações a imagem de dois esposos maravilhosos no amor e sofrimento." Comunhão que se faz uma forma de rezar em família, quando um dos cônjuges não pode acompanhar de perto os corriqueiros acontecimentos e afazeres da vida cotidiana. Fidelidade na alegria e na tristeza, nas presenças e nas longas ausências, esta foi a promessa um dia feita diante do altar do Senhor.

Na correria do mundo moderno, dos múltiplos afazeres nas cidades, dos tantos compromissos que assumimos, precisamos nos aquietar e nos abastecer na oração e nos momentos de meditação. Santo Afonso recomenda a oração mental, o calar-se, o escutar o que Deus tem a nos dizer. "A alma que não se recolhe no tempo de meditação, para pedir os auxílios necessários à salvação e à perseverança, não o fará em outro tempo, por quanto fora da meditação não pensa em pedi-los. Pelo contrário, quem faz dia por dia sua meditação, conhecerá logo as necessidades de sua alma, os perigos em que se acha e a necessidade que tem de pedir."

Nas comunidades rurais, nos grupos de rua, nos setores e quarteirões, nos edifícios das grandes cidades, aí estão os locais propícios para a oração comunitária. Círculos bíblicos, reza do terço em grupos, reflexões em tempos especiais – mês de Maria, mês da Bíblia, Páscoa, Natal. São inúmeros e diversos os momentos e as formas que nos chamam a rezar. A vida que Padre Vítor viveu, toda ela dedicada ao apostolado missionário, é uma lição de vida para todos nós. Vida perpassada pela oração a sós, na comunidade conventual e com o povo de Deus que ele orientava na Missão Popular, na Basílica de Nossa Senhora Aparecida e na Rádio Aparecida. Na velhice, em carta à irmã, ele falou de seus momentos com Deus.

Você não imagina como as semanas passam vertiginosas quando a gente fica velho. Às madrugadas fico muitas vezes conversando com Deus. Velhos, nos salmos, medita de madrugada. Vejo a misericórdia de Deus em minha vida... A virtude da esperança é chamada de virtude árdua. A grande luta do espírito para se manter na esperança. De madrugada os velhos podem meditar muito. Às cinco horas e meia o apito da fábrica me avisava que já é hora. Banho quente e ducha fria... comunidade rezando o breviário...

Oração

Senhor e Pai, nós vos pedimos a graça do espírito de oração. De rezar para agradecer, em primeiro lugar. De rezar por nossos semelhantes, por nossos amigos, por nossos familiares. Dai-nos a graça de vivenciar o pedido de vosso Filho Jesus que, na oração sacerdotal, rezou pela unidade de todos aqueles que acreditam em vós, a fim de que todos sejamos um no amor. Que nossa oração seja aceita e sejamos consolados em nossas necessidades espirituais e temporais. Que nosso pedido não seja egoísta e que nossa oração alcance a dor e a necessidade de nosso irmão. Amém!

Sexto dia

MISSIONÁRIO E PROMOTOR VOCACIONAL

"Anunciar o evangelho não é título de glória para mim; é, antes, uma necessidade que se me impõe. Ai de mim, se eu não anunciar o evangelho (1Cor 9,16).

As Missões Populares pregadas pelos redentoristas não só animavam a vida dos fiéis católicos naqueles idos do começo do século XX como eram, praticamente, a grande força evangelizadora do povo de Deus. Os padres destacados para esse trabalho tinham um tempo de preparação chamado Segundo Noviciado, no qual aprendiam como lidar com as massas e, sobretudo, atender ao confessionário. Oratória e moral não podiam ser descuidadas para que uma

Missão alcançasse o resultado esperado. Eram meios extraordinários de pastoreação imbuídos da convicção de que a Missão era a *Redemptio continuata*. Missão que devia continuar no ordinário da vida de cada pessoa e no dia a dia da vida eclesial...

Padre Vítor teve bons mestres na pregação das Missões. Companheiros e equipes que não mediam distâncias. Frio ou calor não o detinham e não havia quem o ouvisse que não buscasse uma mudança de vida. Pregação absolutamente apostólica como requeria – e ainda requer – a necessidade do povo, no que se refere a uma simplicidade absoluta, cheia de unção e entusiasmo. Pregação fiel ao ensinamento de Jesus, mas singela, de modo que pudesse atingir o coração de homens e mulheres de todos os patamares sociais. A orientação dos pregadores mais experientes apontava normas a serem seguidas.

> O missionário redentorista em sua pregação deve ser, antes de tudo e sempre, um apóstolo; visará exclusivamente à conversão das almas; procurará assim pregar realmente Jesus

Cristo. Pregação clara, simples, sólida; linguagem castiça, correta, argumentação segura; seriedade e probidade; não buscará efeito momentâneo, não visará à fama e estima, mas procurará produzir frutos sólidos, não folhas...

Como missionário, Padre Vítor morou em Araraquara (SP), na capital paulista – convento da Penha –, e em Goiânia. Pregou Missões nos Estados de São Paulo, Goiás, Minas Gerais, Paraná, Santa Catarina, Rio Grande do Sul, Rio de Janeiro... Por um tempo foi coordenador da equipe missionária redentorista, responsável pela aceitação e realização de Missões. Como cronista das Missões, procurou anotar para a posteridade fatos e realizações importantes vivenciados pelos missionários. Mas, permeando os elogios, havia também dúvidas e críticas quanto à eficácia das Missões Populares. Dizia-se que Missão era fogo de palha, por quanto, após a partida do missionário, nada restava do propósito da Missão. Padre Vítor avaliou, estudou e procurou atualizar o método usado por ele e seus companheiros. Procurou reforçar e dar fundamentação cristólogica e eclesiológica aos sermões e pregações, de modo que o conteúdo bem embasado alcançasse maior aproveitamento e efetivos resultados.

Ele tinha consciência de que os frutos práticos de uma Missão não podiam ser avaliados apenas pela quantidade, mas também pela qualidade. O trabalho era árduo, pesado... Seguia até altas horas da noite, entrava pela madrugada. Grandes sermões ao ar livre em um tempo sem microfones, atendimento horas a fio no confessionário. Ele diferenciava o tempo da Missão como tempo extraordinário de cura de almas, distinguindo-o do tempo ordinário em que o pastoreio ficava, diuturnamente, sob o cuidado de párocos e vigários. Certa vez, ele escreveu, em uma conceituada revista de teologia, um artigo no qual esclarecia o objetivo, o método e quem eram os destinatários da Missão Popular.

> Dentro desse escopo geral, a cura d'almas extraordinária (notoriamente as Missões) tem finalidade restauradora: é apenas auxiliar e passageira e usa, substancialmente, os mes-

mos recursos empregados pela cura ordinária (palavra, sacramentos, cerimônias, ação individual e coletiva, organização de forças, propaganda etc.) –, mas desenvolve esses meios de um modo insólito, como as tempestades que muito se diferenciam das duradouras, lentas e persistentes chuvas hibernais, e como os remédios violentos que não se podem tomar sempre. Na cura extraordinária (especialmente nas Missões), as grandes verdades cristãs encastelam-se em pesados nimbos, impelidos pelas graças extraordinárias que a Igreja desencadeia, iluminados pelo fulgor de impressionantes cerimônias, e apregoados pelo ruído de grande e organizada propaganda. Aperfeiçoar os bons, afervorar os tíbios, converter os pecadores (quais indiferentes ou "não praticantes", os criptopecadores e sacrílegos etc.), reconduzir os separados (hereges, ateus), restaurar as associações paroquiais ou mesmo fundar novas instituições, de acordo com o pároco. Tais devem ser os resultados de uma boa Missão. Acrescente-se ainda o estancamento de fontes do mal como sejam as más leituras, divertimentos, discórdias etc.

Os anos dourados do ministério de Padre Vítor Coelho, ele os viveu na Missão. Foi na Missão que ele realizou seus primeiros voos como grande pregador. Como fizera a experiência de catequista no início de seu ministério, a Missão recebeu dele a criatividade, a facilidade em lidar com as concentrações em praça pública, o conteúdo teológico dos sermões e a oratória fácil que tanto atraía seus ouvintes.

Os missionários redentoristas não tinham ainda cinquenta anos de Brasil, e já haviam fundado várias casas nos Estados de Goiás, São Paulo e Rio Grande do Sul. Era a Vice-Província Bávaro-Brasileira da Congregação do Santíssimo Redentor. Na década de 1930, os seminários estavam concentrados no Estado de São Paulo, mas as vocações vinham de todas as partes onde os padres pregavam as Missões Populares. Não havia uma data estipulada para a entrada no seminário. Tanto podia ser no começo, como no meio do ano. Assim, depois de cada Missão, comumente o missionário trazia para Aparecida meninos desejosos de ingressarem no seminário. Bastava terem o consentimento dos pais e a idade mínima de dez anos...

Nem todos os padres, porém, preocupavam-se com aqueles que manifestavam desejo de se tornarem padres. Não havia pastoral vocacional estruturada e os seminários das dioceses eram escassos. Mas havia muitas vocações... Principalmente nas colônias de imigrantes no sul do país e nas famílias rurais com oito, dez, doze filhos... Nesse período, Padre Vítor teve o cuidado e a sensibilidade de ir ao encontro dessas vocações nascentes e de encaminhá-las para o seminário. Ele tinha sempre na mente e no coração que a messe era grande e poucos os operários...

Devido ao sobrenome Coelho, as dezenas de meninos que ele enviou para o seminário eram chamados de "coelhinhos". Os meninos tinham sua assistência e seu acompanhamento nos intervalos das Missões. E, sempre, suas orações. Se algum desistia ou era mandado de volta para casa, ele queria ser informado e saber o porquê da desistência. A este propósito, certa vez, numa crítica sábia e objetiva, chegou a dizer que talvez o problema não estivesse nos meninos, e sim na instituição que cuidava deles: o seminário. Seu zelo pelas vocações refletia também seu zelo pelo futuro. Sem anunciadores a obra evangelizadora fracassaria, não haveria continuadores. Assim, o grande evangelizador tornou-se o maior incentivador e promotor vocacional na história da Província de São Paulo.

Rezemos pelos seminaristas e pela juventude que se prepara para a grande missão. A esses jovens Jesus diz: "Eu vos escolhi e vos coloquei para irdes e produzir frutos e para que vossos frutos permaneçam".

Chamados para a paternidade, os moços se destinam ao casamento, preparam-se para a paternidade. Mas a bíblia fala de outra paternidade: a paternidade celeste, diversamente do homem que se casa para ser pai de família. As duas paternidades são de Deus, tanto a terrestre como a celeste. Mas aprouve ao Criador dar a homens certa participação em uma e outra. Assim, tu, seminarista, que amanhã receberás a imposição das mãos, para que sejas sacerdote e tenhas o poder de agir na pessoa do Cristo mestre, do Cristo pastor, mas principalmente do Cristo sacerdote, tu serás, assim, o "Pai do futuro século", com Jesus, dando a vida que "vem do alto", a vida divina, aos homens. Missão sublime a tua!

> Depois do lar, vem o seminário. O seminário
> é a organização ditada pela prudência, porque a
> Igreja, vendo a sublimidade da vocação sacer-
> dotal, quer apossar-se da mocidade escolhida, a
> fim de prepará-la condignamente para o sacer-
> dócio, desde muito cedo. O seminário não pode
> ser o que alguns pensaram: um retiro, separado
> do mundo, em que a criança cresça e o mocinho
> se desenvolva de um modo quase desnaturado,
> fora da sociedade. O seminarista tem de ficar em
> suficiente contato com o mundo e com a família,
> e com a paróquia, e com a sociedade, pois ele vai
> viver no mundo. Ele deve crescer conhecendo e
> enfrentando as dificuldades.

Essas palavras de Padre Vítor são como que um raio-x revelador de traços da vocação sacerdotal e dos meios de formação para se chegar à ordenação sacerdotal. Em outro momento, ele realça e deixa claro o papel apoiador da família no despertar vocacional. Valoriza e reza para que berços cristãos favoreçam o desenvolvimento de jovens para a consagração, para o serviço do altar e para a pregação da Palavra de Deus.

Certa vez escreveu louvando duas mulheres: uma avó e a outra, mãe: Loide e Eunice, a avó e a mãe de Timóteo, discípulo e amigo de

Paulo, o maior de todos os evangelizadores. Padre Vítor queria enfatizar o papel das duas mulheres e da formação dada por elas a Timóteo, a quem Paulo chamou de "meu verdadeiro filho na fé" (1Cor 1,2). Timóteo acompanhou Paulo na segunda e terceira viagens apostólicas e esteve com ele na fundação das comunidades cristãs de Filipos, Tessalônica, Bereia, Corinto e Éfeso. Recebeu de Paulo duas cartas, sendo que no exórdio da segunda carta, Paulo faz alusão à fé das duas mulheres convertidas ao cristianismo e que, conduzindo nesse mesmo caminho o jovem Timóteo, preparam-lhe a sublime vocação. "Evoco a lembrança da fé sem hipocrisia que há em ti, a mesma que habitou primeiramente em tua avó Loide e em tua mãe Eunice e que, estou convencido, reside também em ti" (2Tm 1,5).

Rezemos, pois, a oração dos vocacionados redentoristas recordando o zelo inflamado do pregador das Missões Populares, Padre Vítor Coelho, e reavivemos o desejo de que o Senhor continue a enviar operários para sua messe.

Oração

Senhor, foi por amor que nos destes a vida. Por isso, sentimos vosso convite ressoar em nosso coração, chamando-nos pelo nome, para sermos discípulos missionários vossos.

Fortes na fé, alegres na esperança, queremos dizer SIM, enfrentando os desafios próprios de nosso tempo, manifestando a todos a alegria de partilhar vossa vida.

Dai-nos perseverança no anúncio da Copiosa Redenção, de modo especial, às pessoas marcadas pelo abandono e pelo desânimo, por causa da violência, do tráfico e de tantas desventuras.

Que sejamos pessoas realizadas para viver com intensidade o projeto redentor de Cristo, descobrindo nossa missão no mundo!

Nossa Senhora do Perpétuo Socorro, protegei nosso coração cheio de vida e de esperança. Dai-nos a graça de viver sempre junto de vosso Filho Jesus!

Santo Afonso, rogai por nós e por toda a juventude! Amém!

Sétimo dia

O APÓSTOLO DA RÁDIO
APARECIDA

"O que vos digo às escuras, dizei-o à luz
do dia: o que vos é dito aos ouvidos, procla-
mai-o sobre os telhados" (Mt 10,27).

Durante o tempo que Padre Vítor esteve
atuando na pregação das Missões Populares, ele foi o primeiro a usar microfones
e alto-falantes. A comunicação foi enorme-
mente facilitada. Quando adoeceu, acamado
e febril, ainda pensando tratar-se apenas de
uma forte gripe, mesmo de seu quarto, fez
uma pregação para o povo. Congratulou-
-se consigo mesmo pelo encontro com esse
meio que lhe facilitava a comunicação, pois
poderia alcançar através dele um número
muito maior de ouvintes.

Constatada a tuberculose, esteve internado por sete anos em Campos do Jordão. Em seu recolhimento obrigatório, ele, sempre missionário, procurou utilizar outros dois meios de comunicação: um antigo e outro moderno. O primeiro foi começar a escrever para o jornal dos missionários redentoristas, em Aparecida. Uma coluna semanal sobre catequese e vários outros temas com o intuito de auxiliar na formação do povo de Deus. O segundo foi a fundação de uma estação de rádio na cidade de Campos do Jordão. Quando ainda atuando nas Missões, ele percebera o potencial das ondas de rádio como meio para evangelizar. Depois de sete anos, restabelecido e já em Aparecida, procurou incentivar as autoridades eclesiásticas a criarem uma emissora de rádio que pudesse levar a mensagem evangélica aos lares mais distantes da terra brasileira.

E a hora chegou... Os Missionários Redentoristas, mesmo com parcos recursos, conseguiram fundar a Rádio Aparecida, em 8 de setembro de 1951. Era a hora da Providência, como deixaram escrito aqueles que estiveram à frente da empreitada. Padre Vítor também se envolveu desde o início com o projeto, ainda que indiretamente. Mais tarde assumiu dois programas que marcaram definitivamente a história da emissora. Ao meio-dia, "Os ponteiros apontam para o infinito" e, às quinze horas, "Consagração a Nossa Senhora Aparecida" foram programas conduzidos por ele até o fim de sua vida. Entrevistas com os romeiros, programas de cunho bíblico-catequético, social, moral e pastoral foram levados ao ar por ele através das ondas sonoras da Rádio Aparecida. Sua preocupação com o homem da roça, sem recursos e sem a instrução necessária quanto à higiene básica, uso de água filtrada e fossa sanitária, foi assunto de muitos programas. Falou também de direitos humanos, numa época em que o país vivia sob a sombra de um regime ditatorial.

Padre Vítor era sabedor da importância do rádio como meio de comunicação e de sua utilidade como instrumento de evangelização. Ele fizera uso do rádio em cidades onde pregara Missão e ajudara os franciscanos de Campos do Jordão a criarem a emissora da cidade. Era grande admirador de Padre Landell de Moura, sacerdote e cientista, a quem o Brasil deve o início das transmissões radiofônicas em nosso país. Na década de 1950, quando a Rádio Aparecida iniciava seu trabalho de emissora católica, a radiodifusão vivia seu apogeu no Brasil. O rádio atingira altíssima popularidade, alcançando todas as camadas da sociedade. Foi instrumento propagador da música, ampliou a força do jornalismo e foi utilizado tanto pela política como pela religião, abrangendo toda a imensidão territorial do Brasil.

Na década de 1960, Padre Vítor assumiu a direção da Rádio Aparecida. Era um tempo conturbado politicamente devido às restrições impostas pelo regime vigente. Ele soube driblar o controle exercido sobre o que era falado e procurou enfatizar programas que resgatassem a dignidade da pessoa em seus direitos materiais básicos: água tratada, higiene, boa alimentação... Era um jeito diferente de falar de cidadania. Quando leu alguns trechos da Declaração dos Direitos Humanos, da ONU, foi malcompreendido, como era de se esperar. A Rádio foi fechada, ainda que apenas por algumas horas. Fazia questão de dizer que a Rádio pautava-se pela obra caritativa e pela justiça. Ajuda caritativa para quem ouvia e pregação da justiça por parte de quem falava. Caridade e justiça, juntas.

A Rádio Aparecida cresceu e tornou-se a Rádio católica mais potente das Américas graças à criação, ao sucesso e consequente suporte oferecido pelo Clube dos Sócios. Os ouvintes eram convocados a fazer parte da entidade enviando uma contribuição anual em dinheiro. Além de terem atendidos seus pedidos de músicas e de orações, recebiam uma carteirinha de sócio. O clube chegou a ter um milhão de associados. E o lema incentivador sempre lembrado, rezado e divulgado por Padre Vítor, era: "Quem ajuda a pregação, tem méritos de pregador".

Antes de intensificar o empenho evangelizador através das ondas do rádio, Padre Vítor escrevia para o jornal "Santuário de Aparecida". Como escritor, publicou dois livros de sua autoria. O primeiro foi o resgate de alguns textos de seu famoso programa radiofônico no qual teologia e poesia davam-se as mãos: "Os ponteiros apontam para o infinito". O segundo foi uma catequese sobre imagens e idolatria, esclarecendo o verdadeiro sentido que tem, para a fé católica, a presença das imagens nas igrejas, celebrações e devoções.

Ele soube utilizar os meios de comunicação para fazer a mensagem de Jesus chegar mais perto de cada pessoa. Sonhou e desejou a concessão de um canal de televisão para ainda mais divulgar a devoção a Nossa Senhora Aparecida, tendo apresentado aos bispos este anseio. No sertão, quando ainda se faziam necessários fios externos sobre as casas para o funcionamento de um aparelhinho de rádio, ele escreveu:

Vi no sertão um casebre esburacado à beira de um lago. Varas afixadas à margem mergulhavam linhas com anzóis de espera à cata de peixes. Dois bambus, atados ao rancho, embebiam no sapé da cumeeira uma antena de rádio, à pesca de homens. O bem e o mal servem-se da mesma antena. O Anjo da luz e Belial ali penetram, à escolha dos ouvintes. Fiquei conhecendo bem o rádio, em meus sete anos de sanatório.

Hoje os meios de comunicação social fazem parte da vida da Igreja e de milhares de pessoas inseridas e participantes da pastoral da comunicação. Quando o Concílio Vaticano II, em seus documentos, destacou a necessidade dos meios de comunicação na Igreja, os bispos apenas coroavam um processo já em prática em muitas dioceses do mundo inteiro. Era a modernidade e suas novas ferramentas chamadas a auxiliar a Igreja na informação e formação de uma consciência cristã em sintonia com os valores evangélicos. No decreto conciliar *Inter Mirifica (Entre as maravilhas),* os padres conciliares declaram que a Igreja via com bons olhos a reta aplicação desses meios na obra evangelizadora e que as assombrosas possibilidades abertas à comunicação eram uma das maravilhas inestimáveis da tecnologia.

> Entre as admiráveis invenções da técnica que, de modo particular nos tempos atuais, com o auxílio de Deus, o engenho humano extraiu das coisas criadas, a Mãe Igreja com especial solicitude aceita e faz progredir aquelas que de preferência se referem ao espírito humano, que rasgaram caminhos novos na comunicação fácil de toda sorte de informações, pensamentos e determinações da vontade. Dentre essas invenções, porém, destacam-se aqueles meios que não só por sua natureza são capazes de atingir e movimentar os indivíduos, mas as próprias multidões e a sociedade humana inteira, como a imprensa, o cinema, o rádio, a televisão e outros deste gênero, que por isto mesmo podem ser chamados com razão de instrumentos de Comunicação Social.

Antigamente, o sino nas torres das igrejas participava da vida das aldeias e cidades. Em outros tempos, a Igreja soubera usar deste sinal como meio de comunicação. Mas as cidades foram crescendo e o velho sino tornou-se elemento decorativo. A Igreja, lenta e cautelosa – talvez temerosa –, demorou a render-se ao uso dos meios tecnológicos modernos, a entrar no compasso rápido da contemporaneidade. Com certeza, se Padre Vítor vivesse em nossos dias, estaria em perfeita sintonia com todas as mídias e acessórios tecnológicos disponíveis para o serviço do anúncio da palavra de Jesus.

Era um apaixonado pelo microfone. Sua imagem oficial traz as duas mãos ocupadas. Em uma ele segura a imagem de Nossa Senhora Aparecida. Na outra, o microfone. Apóstolo da Mãe Aparecida. Apóstolo da Rádio Aparecida.

Quando o Papa Paulo VI lançou uma mensagem para celebrar o primeiro Dia Mundial dos Meios de Comunicação Social, em 1967, Padre Vítor leu com atenção o documento. Não só leu como fez da mensagem assunto de seus programas de rádio. Cinco anos mais tarde, a Comissão Pontifícia para as Comunicações Sociais divulgava uma Instrução Pastoral, *Communio et Progressio,* na qual completava o documento conciliar. Mais uma vez, Padre Vítor estudou e rezou sobre o documento pontifício.

Na Igreja do Brasil, até onde ele conseguiu, acompanhou os esforços da CNBB na tentativa de formar uma rede dos meios de comunicação católicos. Quando foi criada a Rede Católica de Rádio, formada por mais de cento e cinquenta emissoras, a Rádio Aparecida teve um papel fundamental. Mas Padre Vítor já estava nos braços do Pai. Quando foi inaugurada a TV Aparecida, a TV de Nossa Senhora, com certeza, ele intercedeu pelos seus primeiros passos e pelo sucesso na transmissão da mensagem evangélica.

Nas dioceses, nas paróquias e em tantos outros organismos eclesiais, vemos o trabalho bonito e profícuo da Pastoral da Comunicação. Homens e mulheres dedicados a boletins impressos, programas de rádio e TV, portais e sites atualizados diariamente com a missão de informar e formar o povo de Deus. O Conselho Permanente da CNBB aprovou em 2014, quase na íntegra, o estudo da entidade denominado "A comunicação na vida e missão da Igreja no Brasil" (Estudos 101). Ao rezar com Padre Vítor sobre os meios de comunicação, lembremo-nos do que pedem os bispos.

A Igreja deve prestar particular atenção aos profissionais da comunicação, que desempenham um papel cada vez mais incisivo, extenso e reconhecido. Organizações de profissionais e organismos de representação possuem um grande peso social. [...] Milhares de jovens estão sendo preparados nas instituições de ensino superior, em escolas de comunicação social, sempre mais numerosas e oferecendo um tipo de formação mais especializada. Esses futuros trabalhadores e toda a categoria de profissionais da comunicação merecem uma atenção pastoral discreta e especializada, para que o ponto de vista cristão possa interpelar, também, aqueles que não se declaram católicos ou não participam eventualmente da vida eclesial.

Oração

Senhor Deus e Pai, nós vos louvamos e agradecemos o bem que os meios de comunicação social fazem à sociedade. Agradecemos a todos os que se dedicam e trabalham para que a informação seja levada, com clareza e verdade, aos lugares mais longínquos da terra. Reconhecemos o empenho da Igreja em acompanhar, incentivar e dedicar recursos em prol de uma comunicação cristã, que colabore na formação e libertação da pessoa humana. Por fim, nós vos pedimos por todos aqueles que estão inseridos na pastoral da comunicação, para que tenham forças e luzes para bem se empenharem na formação da consciência cristã e da cultura cidadã. Seja Maria, a mãe de Jesus e nossa, a interceder pela nossa comunicação. E que a comunicação facilite a fraternidade e o amor entre os cristãos. Amém!

Oitavo dia

A CONGREGAÇÃO REDENTORISTA E OS SEUS SANTOS

"O Espírito do Senhor está sobre mim, porque ele me ungiu para evangelizar os pobres; enviou-me para proclamar a remissão aos presos e aos cegos a recuperação da vista, para restituir a liberdade aos oprimidos e para proclamar um ano de graça do Senhor" (Lc 4,18-19).

A Congregação do Santíssimo Redentor foi fundada por Santo Afonso Maria de Ligório no dia 9 de novembro de 1732, em Nápoles, na Itália. Afonso pertencia à nobreza do Reino de Nápoles. Recebeu formação humanística em casa, com mestres escolhidos pela família. Contava também com um diretor espiritual e confessor desde a adolescência. Aos dezesseis anos já concluíra o curso de

Direito Civil e Eclesiástico. Mas sua carreira de advogado durou pouco. Envolvido em uma trama eivada de desonestidade e um processo pautado pela falsidade, ele abandonou a carreira. "Mundo, eu te conheço... Adeus tribunais!". Foi sua primeira conversão.

Aos vinte e seis anos, Afonso entrou para o seminário de Nápoles, onde, provavelmente, fora seminarista externo. Pensava ser missionário no Oriente, mas acabou envolvendo-se em um trabalho pastoral dirigido às camadas mais miseráveis e abandonadas de Nápoles. Antes se reunindo em oficinas e casas particulares, passaram a se reunir nas capelas da cidade. As capelas do entardecer... Nelas, Afonso pregava e ensinava a rezar contando com o auxílio de catequistas leigos orientados por ele. Ah, as capelas do entardecer... Trabalho com os pobres e com os leigos. Coisa rara e nova para uma cidade com alto índice de padres, religiosos e conventos femininos. Adoentado, a conselho médico, retirou-se para uma encosta nos arredores de Amalfi para descansar. Lá descobre os pobres da roça, os cabreiros abandonados. Oração, partilha, colóquios... Uma segunda conversão: o mundo dos pobres!

Com alguns amigos – padres, leigos e um Irmão – fundou um grupo missionário, os redentoristas. Deviam eles seguir o Redentor e, como em Nápoles, evangelizar e catequizar os mais pobres e mais abandonados onde quer que estivessem. Santo Afonso e seus companheiros, entre os quais brilhou São Geraldo Majela, esforçaram-se por acudir as necessidades espirituais de que, naquele tempo, sofriam os pobres das regiões rurais, alcançando-os, principalmente, por meio das Missões e de suas renovações periódicas e pela prática dos exercícios espirituais. E seguia o exemplo de São Paulo: "Depois de alguns dias, disse Paulo a Barnabé: voltemos agora a visitar os irmãos por todas as cidades onde anunciamos a palavra do Senhor, para ver como estão" (At 15,36).

Santo Afonso, além de missionário, foi pintor, músico, arquiteto, bispo e grande escritor. Deixou mais de cem obras dedicadas à espiritualidade, moral e pastoral. O grande santo da Igreja viveu mais de noventa anos de idade. Foi declarado Doutor da Igreja e Padroeiro dos Confessores e Moralistas.

Os redentoristas vieram para Aparecida (SP) em 1894, provenientes da Baviera, na Alemanha. Em 1897 pregaram a primeira Missão Popular e no ano seguinte fundaram o Seminário Redentorista Santo Afonso. Neste seminário chegou um dia o Vitinho – o futuro Padre Vítor – em 1911. Ainda não terminados os estudos, Vítor foi enviado para a Baviera, onde os concluiu e ordenou-se padre, em 1923. De volta ao Brasil, quer dedicando-se às Missões Populares, quer trabalhando na Rádio Aparecida, ele foi, a exemplo de Afonso, um genuíno discípulo de Jesus Cristo, anunciador incansável do amor misericordioso de Deus. Quantas vezes ele lembrou Santo Afonso em seus programas de rádio... Quantas vezes, envolvido na pregação da Palavra pelas inúmeras cidades que visitava, ele não se sentiu no lugar de Afonso, o missionário do povo. A cada ano, na festa de Santo Afonso celebrada no dia primeiro de agosto, ele repetia a importância deste santo para a Igreja e o apresentava como modelo a ser seguido, de modo especial por seu zelo e benignidade pastorais.

Na trilha de Afonso, a Congregação tem, entre seus inúmeros consagrados, outros nomes que ganharam a honra dos altares. E Padre Vítor fazia questão de apresentá-los aos fiéis como modelos de seguimento de Jesus de Nazaré. São Geraldo Majela, o Santo Irmão Redentorista, este Padre Vítor o tinha de forma bem familiar. Talvez devido ao fato de ambos terem sido acometidos pela mesma doença, a tuberculose. Em seus anos de internação em Campos do Jordão, Vítor se aproximou da experiência vivida pelo santo. Mas São Geraldo não conseguiu curar-se, morrendo com apenas vinte e nove anos de idade. Rezando na capela do Sanatório Divina Providência, Vítor colocou todos os doentes sob as bênçãos de São Geraldo, invocando-o como padroeiro e intercessor de todos os que lá sofriam. Com especial admiração e carinho Padre Vítor escreveu sobre o grande santo, seu confrade.

Dia dezesseis de outubro é a festa de São Geraldo, o grande santo, o famoso e humilde Irmão Redentorista. Geraldo foi uma das mais belas almas que floriram para a Igreja de Deus. No Brasil é um dos santos mais queridos do povo. Há muita gente com esse bonito nome. Igrejas inúmeras ostentam, em seus altares, a silhueta esguia e o rosto simpático do grande redentorista. São Geraldo, em vida e depois da morte, foi sempre um verdadeiro "Santo Antônio" para fazer milagres.

As mães, nos perigos de parto, conhecem o incomparável protetor. Invocam-no os que sofrem do pulmão. Ninguém será capaz de enumerar a multidão dos que agradecem ao humilde santo as graças e favores nas mais diversas necessidades. No Sanatório Divina Providência, consagrado a esse Santinho que tanto padeceu com a tuberculose, constatei o poder taumaturgo de meu celeste confrade e a benéfica influência da personalidade e exemplos de São Geraldo sobre o ânimo dos sofredores.

O exercício de seu ministério nos meios de comunicação social facilitava a divulgação dos bons exemplos e vida santa de tantos redentoristas. Além de assim formar e informar o povo de Deus, essa era também uma maneira de atrair vocações, tarefa que ele considerava parte integrante de sua missão e à qual dedicou especial zelo até o fim de sua vida.

Se ele tinha especial proximidade com São Geraldo por terem comungado do mesmo sofrimento, ele não se esquecia da riqueza que era São Clemente para a Congregação. São Clemente Maria Hofbauer foi o responsável por divulgar e implantar a Congregação Redentorista fora da Itália. Incansável missionário da ativa, enfrentou grandes obstáculos no trabalho apostólico. Um de seus biógrafos disse que sua vida era de "fracasso em fracasso". Mas, com perseverança, venceu. Foi canonizado em 1909 e, em 1914, o Papa Pio X concedeu-lhe o título de Apóstolo e Patrono de Viena. A Província de Munique, de onde vieram os redentoristas para Aparecida, tem grande veneração por ele. Ele é considerado o segundo fundador da Congregação. Padre Vítor admirava esse santo, um santo de nossos dias: incansável, pleno de desejo de evangelizar.

Quando, em junho de 1977, o Papa Paulo VI canonizou o quarto santo redentorista, Padre Vítor festejou-o em seu programa de rádio: São João Nepomuceno Neumann.

Nascido na Europa, exerceu seu ministério como redentorista nos Estados Unidos da América, tendo sido bispo da diocese de Filadélfia, onde faleceu.

Foi o grande propagador e organizador do sistema de escolas paroquiais, que acabou transformando-se, posteriormente, numa rede nacional que foi a causa principal do crescimento do catolicismo nos EUA. Isso facilitou o surgimento de muitas vocações sacerdotais naquele país, tanto para as dioceses como para as congregações. Fundou uma congregação de freiras. Introduziu a devoção das "Quarenta Horas" ao Santíssimo Sacramento.

Uma das maiores alegrias de sua vida foi sua presença em Roma, por ocasião da solene definição do dogma da Imaculada Conccição de Maria em 1854. Assim como Santo Afonso, Neumann nutria uma extraordinária devoção a Nossa Senhora. A mesma viagem lhe trouxe diversas alegrias, como sua entrevista com o Papa Pio IX, a hospitalidade na casa geral dos redentoristas e a visita a sua terra natal e encontrar seu velho pai.

O que mais o lisonjeava em sua diocese era o título que os pobres de todas as raças e cores dos seus diocesanos lhe haviam dado: o nosso bispo, o bispo dos pobres. Dom Neumann morreu em 1860, de súbito ataque cardíaco que o acometeu na calçada de uma rua em Filadélfia, perto da catedral que estava construindo. Foi o primeiro redentorista na América do Norte e o primeiro santo dos EUA. Agora o Papa Paulo VI o eleva aos altares.

A Congregação Redentorista tem, portanto, quatro santos: Afonso, Geraldo, Clemente e Neumann e quinze beatos, candidatos aos altares.

Beato Pedro Donders, beatificado em 1982. Beato Gaspar Stanggassinger, morto em 1899, em Gars am Inn, onde Padre Vítor estudou, foi beatificado em 1988. Beato Januário Sarnelli, morto em Nápoles, em 1744, e beatificado em 1996. Foi contemporâneo de Santo Afonso. Beato Francisco Seelos, morto em 1867, em Nova Orleans, beatificado em 2000. Foi contemporâneo de Neumann. Beatos Nicolau, Basílio, Zenão e Ivan, todos ucranianos presos pelo regime comunista, beatificados em junho de 2001. Beato Metódio, da República Tcheca, mas morto na prisão na Ucrânia e beatificado em novembro de 2001. Por fim, seis espanhóis mártires Beatos

José Javier, Ciriaco, Miguel, Julián, Pedro e Victor, mártires da Guerra Civil espanhola, martirizados em Cuenca e beatificados em outubro de 2013, em Tarragona.

Em um de seus programas, Padre Vítor falou, com muita admiração, sobre o Beato Pedro Donders.

> Hoje vou falar de um homem santo. Um missionário holandês que gastou sua vida no Suriname. O Papa o declarou Beato. Um homem que viveu no meio do povo, dos pobres e dos que sofriam a doença da lepra. Em nossa Província nós perdemos padres e irmãos com esta doença. Os doentes eram afastados, marginalizados. Ele também ficou órfão de mãe, como eu. Ele ficou órfão com seis anos de idade. Desde essa época ele manifestava o desejo de ser padre. Mas como era muito pobre, teve dificuldades para entrar para o seminário.

Oração

Senhor Deus e Pai, como é grande a vossa obra redentora. Homens e mulheres gastaram horas, dias e a vida em prol da redenção. A exemplo dos santos e beatos redentoristas, que também nós possamos fazer nossa caminhada de santidade. Ajudai-nos a ser mais sensíveis à dor de nossos irmãos que sofrem. Dai-nos ânimo e coragem, como destes aos santos e beatos redentoristas, para evangelizar os mais pobres e abandonados. Que Maria, Mãe do Perpétuo Socorro, socorra-nos sempre em nossas aflições e nas aflições de nossos irmãos mais necessitados. Amém!

Nono dia

O MISSIONÁRIO DA SENHORA APARECIDA

"Sua mãe disse aos serventes: fazei tudo o
que ele vos disser" (Jo 2,5).

Nossa Senhora da Conceição Aparecida,
a doce mãe cuja imagem foi encontrada
nas águas do rio, tem uma longa história de fé e
de devoção profundamente entranhada no coração dos católicos brasileiros. Por quase um
século, um de seus devotos mais fiéis e que
mais divulgou essa devoção foi Vítor Coelho
de Almeida. Desde a realização do pedido de
seu velho pai feito a Nossa Senhora, para que
fosse encontrado um lugar onde o filho desam-
parado pudesse estudar, Vítor correspondeu
ao carinho daquela que intercedeu por ele até
a última hora de sua vida. Padre Vítor viveu

uma história de amor e de devoção pela Mãe de Jesus, e cabe-lhe, com justiça, o título de o Missionário da Senhora Aparecida.

Tudo começou em 1717, quando três pescadores encontraram a pequena imagem no Rio Paraíba do Sul. De lá pra cá, foram inúmeros os milagres operados por intercessão da Mãe de Deus e nossa, a Senhora Aparecida nas águas. A antiga capelinha é hoje majestosa basílica no alto do morro e testemunha o crescimento da fé do povo. De santuário diocesano passou a santuário nacional, onde anualmente quase doze milhões de peregrinos perfilam aos pés da veneranda imagem. Desde a chegada dos Missionários Redentoristas, em 1894, para a assistência pastoral e espiritual no santuário, já se somam mais de cem anos de fecundo apostolado. Nesse período foram criados o jornal Santuário de Aparecida, a Rádio Aparecida e a TV Aparecida, tudo em torno e com o objetivo de divulgar a mensagem mariana contida no Evangelho: "Fazei tudo o que Ele vos disser...". Maria não é o centro de nossa fé, mas ela aponta para o fundamental, para seu filho Jesus Cristo, Ele sim a centralidade de nossa fé. O romeiro entende que o centro da vida cristã é o seguimento de Jesus Cristo, seu ensinamento e sua prática. Assim Padre Vítor acreditou e viveu. E ajudou muitos a conhecer e a viver a fé centrada em Cristo Jesus, tendo por medianeira a Senhora Aparecida, sua mãe.

> Quando eu era criança, bem pequeno, mamãe havia dado a mim uma medalhinha de Nossa Senhora Aparecida. Eu a carregava no pescoço. Um dia, na aula, meu professor, que era ateu, zombou da medalha, dizendo que eu carregava um cincerro. Cincerro é um sino que se dependura no pescoço do burro para ser madrinha da tropa. Além de zombar, ele chegou perto de mim e arrancou a medalha e jogou no mato, pela janela. Eu chorei muito e fui procurar a medalhinha que mamãe havia me dado. Nunca mais achei. Veja como é a vida. Agora eu estou aqui, debaixo de seus pés. Eu sou Missionário Redentorista. Havia também a promessa e o milagre onde papai me entregou para Nossa Senhora e eu vim parar aqui na cidade de Aparecida. Esta semana vou levar a imagem da mãe querida à minha cidade de Sacramento. Nunca mais achei a medalhinha. Mas Nossa Senhora me achou. Ela me tirou do lodo e me fez seu anunciador. Sou filho da misericórdia...

Que belo testemunho e reconhecimento do amor maternal da mãe Aparecida! Ele, o menino Vitinho, que ficara órfão tão cedo, foi assumido e protegido sob o manto da Senhora Aparecida. Ele passou boa parte de sua formação à sombra de seu santuário, na cidade de Aparecida. Seu ministério sacerdotal de mais de sessenta anos, quarenta deles ele os passou em Aparecida. Escrevia sobre a doce Mãe e seus milagres e, na Rádio Aparecida, durante trinta e seis anos, praticamente todos os dias, às quinze horas, rezou a oração da consagração com seus ouvintes. Consagrava-se a Deus pelas mãos e intercessão de Maria Santíssima.

Mas Padre Vítor anunciava Jesus Cristo como a centralidade da fé e Maria, sua mãe e discípula, como a mãe amorosa que nos aponta seu Filho para que o ouçamos e o sigamos. Em 12 de outubro, pelas ondas da Rádio Aparecida, ao vivo, pertinho da imagem, ele conclamava o povo a festejar, a louvar e a agradecer aquela festa.

Meio-dia! Grande festa de Nossa Senhora Aparecida...!

Badalam os sinos e milhões de fogos espocam nos céus das cidades e das roças! Cada foguete é como um voto de plebiscito nacional a clamar ufano: "Viva o Cristo, Rei!" e "Viva a Senhora Aparecida, Rainha!"

A imagem da Senhora Aparecida é um sinal expressivo de tudo o que sentimos da Virgem Maria. Com todo o entusiasmo...

Aquela coroa simboliza a realeza, por ser ela a Mãe de Deus, recordando-nos que uma Pessoa divina veio tomar corpo e vida humana no ventre sagrado da Mulher, bendita entre todas as mulheres. E a coroa da Imagem proclama, na voz dos fogos, "Santa Maria, Mãe de Deus!"

O manto da Imagem significa proteção. Como os pintinhos se abrigam debaixo das asas da ave-mãe, nós nos abrigamos sob a proteção da Mãe de Deus, Mãe da Igreja.

A imagem de Aparecida tem mãozinhas postas em oração para significar que ela pode amparar rezando... e a oração é onipotente, porque Jesus falou que toda oração feita em nome dele será atendida. Mas a oração só se torna em nome de Jesus pela fé, pela confiança e pelo amor ao Cristo. E o grau da fé, do amor e da confiança no Redentor depende do grau com que o Espírito Santo nos auxilia.

Ele sempre associou o tema mariano ao acolhimento e à fidelidade de Maria ao plano redentor de seu filho Jesus. Ela, a partir de seu sim, foi corresponsável pela Encarnação do Verbo de Deus. A teologia reconhece o lugar da mãe como seguidora do Filho, a exemplo do acontecimento na festa de casamento em Caná da Galileia. Padre Vítor levava o povo a rezar diante de Maria, mas elevando pensamentos e corações à Santíssima Trindade.

Tomado pela inspiração poética e musical, ele compôs um hino a Nossa Senhora, que depois de gravado em LP, era fundo musical em seus programas radiofônicos.

Salve, santa Imagem
da grande Rainha,
Mãe do Redentor;
Mãe de Deus e minha!
Mãe Aparecida,
tens do escravo a cor,
para nos lembrar
o Libertador.
Um preço infinito,
morrendo na Cruz,
deu por nossas almas,
teu Filho, Jesus.

Não apenas o poema, a música, mas todo o seu coração era de Maria. Mesmo no tempo das Missões Populares, quando viajava pregando a Palavra de Deus, ele levava consigo a imagem da Senhora Aparecida. Trabalhando na Rádio Aparecida, ele organizava caravanas em prol do Clube dos Sócios, visitando inúmeras cidades com a imagem peregrina de Nossa Senhora.

Quando, em 1978, a imagem foi atacada e quebrada em muitos pedaços, ele sofreu muito. Quatro dias depois, o povo da cidade de Aparecida e os redentoristas fizeram um ato de desagravo a Nossa Senhora. A praça da matriz-basílica foi pequena para tantos devotos que cantavam e choravam como uma forma de oração. Ao final, um padre teve um gesto comovente: fez com que crianças levassem flores e entregassem a Padre Vítor, que permanecera inconsolado diante da multidão. Ao receber as flores, o velho missionário foi até o microfone e diante da multidão pediu perdão por suas faltas... Emocionado, com voz embargada, ele chorou! As lágrimas escorriam soltas e incontidas pelo rosto envelhecido... Conseguindo recobrar a voz ele disse: "Eu que sempre levei a imagem de Nossa Senhora Aparecida pelo Brasil afora... Eu sou o burrico que levou a Virgem Maria para o Egito..." O profundo silêncio na praça foi quebrado pelos soluços dos que choravam com o velho Missionário d'Aparecida, Padre Vítor Coelho de Almeida.

Nossa Senhora sempre foi referência e inspiração para inúmeros escritos e programas que ele apresentou de modo a ajudar o povo a refletir e rezar. Como quando falou sobre a Assunção de Nossa Senhora.

> Nós seremos imaculados no futuro. Ela foi sempre. Nunca foi manchada, nunca em Nossa Senhora entrou o não, o não do pecado. Ela, por privilégio de Deus, foi sempre bendita, preservada para sempre ser sim, sim, como Jesus. Nossa Senhora nunca foi manchada, por isso não estava sujeita à morte.
>
> Nossa Senhora representa de modo vivo o cristão que aceitou, como nós aceitamos, a Jesus. Ela nos representa nessa aceitação e ela nos ajuda. Por Maria nós vamos a Jesus. Ela é modelo perfeito de cristão que aceita Deus.

Ela acompanhou o Redentor em todos os passos, merecendo também para nós a graça. Jesus mereceu de modo perfeito, contínuo. Jesus não precisava dela, mas convinha que ela também, a segunda Eva, o acompanhasse em todos os passos da Redenção, como Mãe da Divina Graça, para colorir, com um colorido materno, o merecimento infinito de Jesus... Por Maria nós entramos todos para Jesus, nós que somos filhos da Vida Eterna.

Por mais de trinta anos Padre Vítor rezou com seus ouvintes de todos os rincões do Brasil a consagração a Nossa Senhora Aparecida. Vamos nós, também, rezá-la.

Oração

Ó Maria Santíssima, que em vossa imagem milagrosa de Aparecida espalhais inúmeros benefícios sobre todo o Brasil, eu, embora, indigno de pertencer ao número de vossos filhos e filhas, mas cheio do desejo de participar dos benefícios da vossa misericórdia, prostrado a vossos pés, consagro-vos o entendimento para que sempre pense no amor que mereceis; consagro-vos a língua para que sempre vos louve e propague a vossa devoção; consagro-vos o coração para que, depois de Deus, vos ame sobre todas as coisas.

Recebei-nos, ó Rainha incomparável, no ditoso número de vossos filhos e filhas; acolhei-nos debaixo de vossa proteção; socorrei-nos em nossas necessidades espirituais e temporais, e, sobretudo, na hora de nossa morte.

Abençoai-nos, ó Mãe Celestial, e com vossa poderosa intercessão fortalecei-nos em nossa fraqueza, a fim de que, servindo-vos fielmente nesta vida, possamos louvar-vos, amar-vos e render-vos graças no céu, por toda a eternidade. Assim seja!

Décimo dia

A DOENÇA NO AUGE
DA MISSÃO

"Com Cristo eu fui pregado na cruz. Eu vivo, mas não sou eu que vivo, é Cristo que vive em mim" (Gl 2,19b-20).

A Missão na cidade de Ribeirão Preto exigiu muito dos missionários redentoristas em 1942. Padre Vítor estava no auge da forma e do entusiasmo missionário. Além de liderança, tinha disposição e criatividade que o destacavam entre os companheiros. Havia estudado e atualizado os esquemas tradicionais da Missão, havia reestruturado as conferências para os homens, enriquecido com conteúdo mais cristológico os sermões e, graças à natural facilidade que tinha para lidar com as crianças, aplicava-se ainda mais animadamente à catequese da gurizada. Mas os caminhos de Deus são insondáveis...

Como ser criado, imperfeito e limitado, a experiência da dor e do sofrimento coloca o homem diante do mistério profundo de sua condição humana. É, portanto, uma situação que ultrapassa sua própria realidade. A fé em Deus faz diferença nessas ocasiões de sofrimento experienciadas pelo cristão que sabe e compreende estar sua vida mergulhada na dimensão do mistério. Padre Vítor, no auge de seu ministério, quando se destacava como pregador brilhante, acolhido calorosamente pelas multidões que se empolgavam com sua palavra, viu erguer-se a sua frente um imenso obstáculo que fez parar o missionário do povo. Seus pés e sua voz não mais podiam chegar aos campos amados da messe do Senhor... Pleno de zelo e entusiasmo apostólico, entregue de corpo e alma ao trabalho missionário, mas inteiramente consumido pelo cansaço físico, Padre Vítor Coelho foi abatido pela doença. A forte gripe que teimava em acompanhá-lo não era apenas uma gripe, mas a tuberculose que se reacendera em seus pulmões quase vinte anos depois da primeira investida. Praticamente recolhido ao leito, ele passou as festas de Natal e Ano Novo sem sair de casa, sem pregar ou rezar missa fora do convento. Uma mudança radical foi imposta a sua vida.

Internamento e solidão no Sanatório Divina Providência em Campos do Jordão. A tuberculose, que o fizera sofrer naquele inverno europeu da década de 1920, voltava com força e deixava sem chão os amigos e confrades de Padre Coelho. A temida doença era nomeada por uma série de sinônimos, todos eles pejorativos e preconceituosos, a demonstrarem o quanto a doença amedrontava e criava fantasmas no imaginário popular. E Vítor sabia que, como o Apóstolo Paulo, precisava assumir sua cruz de cada dia. Buscou não esconder sua dor. Escreveu falando de si mesmo, de seu doloroso momento, como tentativa de ajudar outros que sofriam, como ele, o mesmo doloroso calvário.

> Amando daquele modo maravilhoso, Jesus morrendo na cruz, transformou este ato em precioso sacrifício. A morte de Cristo é a porta da salvação. Fomos batizados no sangue do Cristo, na morte do Senhor. O cristão

é mergulhado com Cristo na morte e com Ele ressuscitado para uma vida de amor. Portanto, com Cristo, em Cristo, por Cristo, devemos aceitar as dores de nossa vida, a nossa morte e as cruzes de cada dia. Aceitar tudo com amor!

Se alguém sofre muito mais que outro, não é sinal de que seja mais pecador. Jesus foi o mais inocente dos homens e foi aquele que tudo assumiu e tudo sofreu! O povo tem conceito errado do sofrimento, achando que tudo que se sofre é por castigo. Não é assim. A morte e a dor entraram no mundo por causa do pecado, sim, mas Jesus, em sua infinita misericórdia, transformou-os em amor. O sofrimento é, de certo modo, um benefício, porque é ele a participação na paixão e na morte do Redentor divino.

Padre Vítor partia da teologia paulina que coloca o sofrimento humano como partícipe do sofrimento e da paixão do Divino Redentor, como complemento da obra salvadora. E, ainda que envolto na tristeza, conseguia poetizar sua dor quando ainda internado no Sanatório...

Quando há sete anos um doente subia triste as encostas daqueles montes, fugindo da morte que o seguia como sombra, o arroio deslizava, saltitando, jubiloso, rumo às várzeas garridas e aos longínquos oceanos.

E o coração dorido do enfermo perguntava: "Por que corres tão contente? Donde vens? Para onde vais?"

Durante o tratamento, perdeu um pulmão, que precisou ser retirado. Ainda assim, nada o fez esmorecer diante da dor e do sofrimento. Certo dia ele soube que um padre tido como santo devia chegar a Campos do Jordão. Era um holandês, da Congregação dos Missionários dos Sagrados Corações, Padre Eustáquio van Lieshout, que visitava a cidade.

Quando eu estava internado em Campos do Jordão, Padre Eustáquio foi ao Sanatório para dar uma bênção. Uma forma de combater o espiritismo e curar os doentes. A primeira pessoa que ele encontrou ao descer do carro no Divina Providência foi eu. Disse a ele: "Não faço questão de sarar, mas se for para o bem, quero sarar". Padre Eustáquio pôs o dedo em meu peito, justamente no lugar de um buraco de oito centímetros no pulmão. Então eu lhe pedi três coisas: perdão dos pecados, boa morte e, se sobrar, minha cura. Disse ele: "São José lhe concede duas graças. O senhor vai ser um homem robusto e ainda vai trabalhar muito". Missionário?, perguntei. "Noutro campo", disse ele.

Padre Vítor alcançou a graça de ser curado. Viveu por mais quarenta anos e realmente mudou seu campo de ação apostólica. Não mais voltou às Missões Populares. Foi morar em Aparecida e trabalhar no santuário e na Rádio Aparecida. Padre Eustáquio foi beatificado em 2006, em Belo Horizonte.

Quando ainda internado, aproveitou o tempo em Campos do Jordão para fazer um trabalho missionário junto aos doentes dos diversos sanatórios da cidade. Auxiliando os franciscanos na paróquia, interessou-se por uma experiência que os frades começavam a implantar: uma rádio católica para ajudar na evangelização. Acabou ganhando um programa diário que versava sobre diversos temas como catequese, família, liturgia e questões sociais. Ele acreditava na rádio como meio evangelizador e, sobretudo, na capacidade que a rádio tinha de chegar a rincões mais distantes, ainda que com potência limitada. Na pequena emissora de Campos de Jordão, fez seu ensaio para os altos voos que alçaria através da Rádio Aparecida.

Como aconteceu com Padre Vítor, os redentoristas de São Paulo sofreram muito vendo outros confrades acometidos por graves e temidas doenças contagiosas. Alguns foram isolados e morreram devido à hanseníase – a assustadora e temida lepra. Outros tombaram em consequência da tuberculose. Quando estava em Campos do Jordão, Padre Vítor assistiu a um de seus confrades, Padre Benedito Dias, partir para a eternidade com pouco mais de trinta anos. Por um tempo, Padres Humberto Pieroni e Pedro H. Flörchlinger – que se recuperaram – também estiveram internados no sanatório ao mesmo tempo que Padre Vítor. Era o peso da cruz sobre os ombros de alguns e, de certa forma, sobre toda a Província. No convento de onde haviam partido, suas ausências eram saudade e dor para os confrades.

Após alta médica, em 1948, e já morando em Aparecida, Padre Vítor escreveu em sua coluna "Janelinha da Arca", no jornal Santuário de Aparecida.

> Alguém de nós que foi missionário do povo e, depois, como um navio que se recolhe avariado aos estaleiros passou sete anos em Campos do Jordão. Agora, à atividade, forte, contente mas... hum! Bem dizia o poeta Horácio que o tímido navegador não se fia em velha nau pintada de novas tintas. Assim, torna-se necessário dar adeus às Missões e imitar Santa Teresinha que, conservando olhos e coração de águia para fitar o Sol divino, agitava as asinhas implumes e impotentes dos desejos santos e elevados.

Devido à tuberculose, Padre Vítor passara sete longos anos longe do convívio dos confrades e do apostolado. Mas o zelo missionário continuava ardendo. Naquele sofrido período conseguiu criar espaço entre os doentes para rezar e falar do amor de Deus. Havia missa diária, reza do terço, via-sacra na quaresma, preparação para o Natal, novena de São Geraldo... Soube viver, e viver intensamente, aqueles anos que poderiam ter sido apenas penosa solidão. Mas todos aqueles dias frios e longos foram transformados em convívio fraterno com os doentes. Já em casa, recordando aquele tempo para sempre na memória, como quem desejasse amorosamente animar os que estavam doentes a olhar confiantes a face misericordiosa de Deus, escreveu:

Hoje, quem deixa a Arca para a revoada é o pombo da saudade e da gratidão. Quero que ele se alteie pelo Vale em que o Paraíba escreve mil vezes o "M", inicial do nome de Maria; e, rumando para os cimos silenciosos da Mantiqueira, vá pairar por sobre as lombas e os pinheirais de um reino encantado de orquídeas e florinhas agrestes, de geadas e névoas sombrias, de manhãs radiantes e de tardes cujo misticismo e melancolia indescritíveis como que apagam nas almas as coisas da terra, à medida que se acendem as estrelas do céu.

Assim é Campos do Jordão.

Pousem as minhas recordações agradecidas sobre a gruta de Nossa Senhora de Lourdes, no parque florido à cavaleiro do "Sanatório Divina Providência", onde vivi sete anos entre os sofredores; sanatório consagrado a meu confrade redentorista São Geraldo; casa que abriga e conforta mais de oitenta criaturas enfermas; mansão nimbada com a glória de ter oferecido um cantinho escolhido aos sacerdotes e seminaristas que, atingidos pela tuberculose, não encontravam facilmente um teto que os abrigasse do clima.

Foi ali que, por quase sete anos, tive a meu encargo ovelhinhas enfermas de Jesus; e nas incertezas e temores, nas saudades e tédios, nos definhamentos e dores físicas, nas angústias lancinantes, nas agonias prolongadas e nos desenlaces finais, saturei meus olhos e meu coração de quadros confrangedores do que seja o sofrimento e a morte.

Mas foi também ali que pude conhecer mais ao vivo a profundidade e a largueza da Sabedoria infinita e misericordiosa "que fere para salvar".

Quantas criaturinhas, em plena primavera dos anos, não se viram, de súbito, feridas e derribadas pela terrível moléstia! E, como São Paulo às portas de Damasco, clamavam chorando: "Quem és tu que assim me feres?" E o Divino Amigo respondeu pressuroso: "Eu sou Jesus, teu Salvador"; e tocou-lhe os olhos, donde as ilusões caíram "como escamas".

A face Divina se lhes revelou ao espírito. Elas viram e creram. Jesus lhes perdoou os pecados; deu-lhes o maná do sacrário; infundiu-lhes no íntimo, o espírito de oração, de caridade e de sacrifício; e confiou-as a Maria Santíssima, consoladora dos aflitos, saúde dos enfermos e porta do céu.

Oração

Senhor Deus e Pai, nós queremos rezar por todos aqueles que se encontram com a saúde fragilizada. Queremos lembrar as pessoas que estão abatidas e sem esperança.

Aquelas que carregam o peso de uma doença incurável. Aquelas que acompanham e auxiliam outras a carregarem o fardo pesado do sofrimento. Pedimos pelos que estão no abandono e na solidão. Pedimos por todos aqueles que buscam os meios necessários para a recuperação da saúde... Abençoai médicos, enfermeiros e cuidadores de idosos, nas casas e nos hospitais. Que Nossa Senhora Aparecida console, ajude e interceda por todos os doentes. Amém!

Décimo primeiro dia

A SAGRADA EUCARISTIA

"Quando chegou a hora, ele se pôs à mesa com seus apóstolos e disse-lhes: Desejei ardentemente comer esta páscoa convosco antes de sofrer; pois eu vos digo que já não a comerei até que ela se cumpra, até que venha o Reino de Deus" (Lc 22,14-16).

O mistério eucarístico, celebrado ao longo da história do cristianismo, reporta aos momentos derradeiros de Jesus com seus amigos, apóstolos e discípulos. O memorial da ceia do Senhor, a Páscoa nova. Celebração do corpo e sangue do Senhor. Celebração de sua inteira vida e de sua eterna presença no meio de nós. Centro da vida espiritual do Reino iniciado por Jesus. Páscoa nova celebrada, na qual o cordeiro imolado é o próprio Jesus. Memorial a ser vivido no dia a dia do cristão, fundamento da comunidade, força, remédio e alimento para quem se coloca no caminho ensinado e vivido por Jesus de Nazaré. No caminho que é Jesus de Nazaré.

Padre Vítor Coelho era sabedor do dom, da graça de que Deus o cumulava para o ofício de celebrar a Eucaristia. Desde os tempos de menino no Seminário, o momento de subir ao altar para, junto com a comunidade, celebrar a missa era o mais esperado pelos futuros padres. Quantas vezes o jovem Vítor terá pensado que, um dia, também ele pronunciaria as palavras sagradas da consagração. Mas para isso precisaria perseverar e estar em comunhão com o Senhor que o chamara para repetir o mesmo gesto que Ele fizera na última ceia.

Quando celebrou sua primeira missa, na Alemanha, em 1923, o neossacerdote escreveu a seus familiares para contar a alegria imensa daquele momento. Era a realização de um sonho. Pela primeira vez ele tomou em suas mãos o pão e o vinho e repetiu as palavras de Jesus: "Isto é meu corpo. Isto é meu sangue. Fazei isto em memória de mim!"

Na Baviera é costume que os neossacerdotes passem alguns dias, depois da ordenação, sem celebrar para então subir ao altar e cantar sua primeira missa. No dia dez de agosto, às cinco da tarde, eu desembarcava na estação da cidade de Forchheim, na Francônia, para dois dias depois celebrar minha primeira missa.

O povo da Baviera foi sempre profundamente religioso e gosta de dar expansão a seus sentimentos católicos, mas além da festa do Corpo de Cristo, não creio que haja outra ocasião em que os bávaros deem mais brilhantes horas de sua fé do que na primeira missa, isto é, pelas primícias de um consagrado. Para tal solenidade vem gente da maior distância, pois há um provérbio popular que diz: "Vale a pena gastar a sola de um sapato novo para receber uma bênção primicial".

A igrejinha da aldeia não poderia conter tal multidão, é por isso que armaram lá fora, no fundo de um prado espaçoso, um alto estrado sobre o qual se ergue um verdejante altar em que as flores brincam com as velas crepitantes; ao tronco vetusto de um carvalho se prende o púlpito para o pregador, do outro lado está o coreto para os cantores: é ali, naquele altar improvisado, debaixo desse céu azul e no meio dessa natureza exuberante, que um neossacerdote vai oferecer a Deus o "tremendo sacrifício".

Padre Vítor, cheio de gratidão, poetiza aquele momento ao tentar partilhar com seus familiares a alegria de ser sacerdote e de colocar sobre o altar sua vida consagrada como dom a ser também consagrado. A Eucaristia celebra no altar e na comunidade não apenas os momentos finais de Jesus, mas sua vida inteira, sua morte e ressurreição. O sacerdote e a comunidade celebram o Cristo que se presentifica no memorial do pão e do vinho, para sempre presença junto aos seus. Foi o próprio Jesus quem quis comer esta ceia com seus amigos. Ele tinha consciência de que o fim estava próximo, de que logo voltaria para a casa do Pai. Mas Ele quis ficar conosco deixando a memória viva de seu amor na comida e na bebida consagradas. Naquela refeição, naquele jantar de despedida, o Senhor reafirmou seu mandamento de amor, evidenciando, mais uma vez, a inarredável ligação entre o amor e o serviço ao próximo. Por isso, quem comunga, quem recebe pão e vinho, memorial do amor e da presença do Senhor, deve colocar-se a serviço dos irmãos. Refeição e serviço são inseparáveis para quem recebe o corpo de Cristo.

Quantas vezes Padre Vítor falou da Eucaristia, quantas vezes celebrou a Eucaristia? Em sua longa vida de padre, praticamente todos os dias ele rezou o memorial da vida, paixão, morte e ressurreição do Senhor na esperança de sua própria ressurreição com Ele.

Na missa, o que há de mais profundo no Ser do pão é convertido no Corpo do Senhor e o que há de mais profundo no ser do vinho é convertido no Sangue do Senhor, conforme as palavras de Jesus: "Isto é meu Corpo, entregue à morte; meu Sangue, derramado por Vós!" O pão e o vinho deixam de ser pão e vinho para ser o sinal da presença real de Cristo em estado de morte, de ressurreição e de glória. Cristo (que agora está fora do tempo c do espaço), nas figuras visíveis de pão e de vinho, torna-se realmente presente. Jesus não precisava mais comer, depois que ressuscitou. No entanto, Ele comeu para mostrar aos Apóstolos que não era um fantasma que lhes estava aparecendo, mas que era Ele o Ressuscitado.

Depois que ressuscitou e foi colocado na glória de Deus Pai, o corpo do Senhor não está mais preso a um lugar nem ao tempo. No entanto, como Ele comeu, apesar de não ter necessidade, assim também Ele se localiza, em nosso favor, sem haver, para si, necessidade dessa localização. Localiza sua presença física na hóstia e no cálice.

Assim, a Eucaristia é, no tempo e no lugar, um sinal da presença real daquele Corpo que não está amarrado a tempo e lugar. Justamente por não estar sujeito a tempo e lugar é que seu Corpo pode estar fisicamente presente em muitas hóstias, simultaneamente.

A morte e a ressurreição do Senhor constituem um ato sacrifical eternizado, que não admite passado nem futuro. A hóstia consagrada é o sinal, no tempo e no espaço, da presença do ato sacrifical (morte e ressurreição de Cristo) que é ato eternizado. Este ato só se representa, em cada hóstia consagrada, para que nós, que vivemos no tempo e no espaço, participemos gradativamente do ato eterno e infinito do Sacrifício de Jesus.

Seja no tempo de Missionário da ativa, seja no tempo vivido em Campos do Jordão ou nos longos anos em Aparecida, ele jamais se descuidou da celebração da missa. É bom recordar que a missa, naquele tempo, antes do Concílio Vaticano II, exigia um período maior de jejum e só era celebrada no período matutino. Quando a missa era celebrada na roça ou longe do pouso do missionário, quanto sacrifício e desgaste para preservar tais preceitos da Igreja. Não obstante qualquer dificuldade, ele soube cumprir, com fidelidade, seu dever. Depois do Concílio, com a introdução da prática da concelebração, ele atuou muitas vezes como comentarista. Comentava e concelebrava, de modo especial, às quintas-feiras, na Basílica Nacional. Era a missa do Santíssimo Sacramento. Missa, vigília, adoração, bênção com o Santíssimo. Momento de oração e recolhimento de um padre verdadeiramente apaixonado pela Eucaristia.

Quando aconteceu, no Rio de Janeiro, o XXXVI Congresso Eucarístico Internacional, Padre Vítor fizera-se presente levando a imagem peregrina de Nossa Senhora Aparecida. Antes, compusera um hino sobre a Eucaristia para o concurso criado pela organização do Congresso. Usou um pseudônimo, pois seu nome começava a alçar voos pelas ondas da Rádio Aparecida.

> Reinai Jesus, no mundo inteiro!
> A Vós louvor e adoração...!
> Fazei jorrar as águas vivas
> do altar, sacrário e comunhão!
> O Jesus Hóstia, o sol do Reino
> de amor, justiça e doce paz,
> de graça, luz, perene vida,
> que a Deus unindo o mundo faz...[1]

---

[1] Foi escolhido o hino de autoria de Dom Marcos Barbosa, OSB.

No finalzinho de sua vida, quando a cidade de Aparecida sediou o XI Congresso Eucarístico Nacional, em julho de 1985, Padre Vítor participou ativamente das celebrações. Em seus programas na Rádio, exaltava a Eucaristia e convocava todos para o louvor ao Eterno Bem, o sacramento do altar. Segundo ele, o autor do hino do XI Congresso Nacional – Padre Lucio Floro – conseguira unir, numa poesia singela, a devoção a Nossa Senhora Aparecida e o amor à Eucaristia. Isso fazia com que Padre Vítor repetisse sempre partes do hino em seus programas e louvasse quem tivera inspiração tão poética. "Nessa curva do rio, tão mansa, onde o pobre seu pão foi buscar, o Brasil encontrou a Esperança: esta Mãe que por nós vem rezar!" Jesus, o pão que sustenta a vida e que nos convida a que deixemos nossa própria vida ser transformada em uma vida como a dele.

A narrativa sobre os dois discípulos, que iam para Emaús (Lc 24,13-35) depois dos tristes acontecimentos em Jerusalém e foram surpreendidos por um companheiro pelo caminho, é lição da Eucaristia. Depois de caminharem juntos, já em casa, sentados à mesa, o companheiro não reconhecido "... tomou o pão, abençoou-o, depois o partiu e distribuiu-o entre eles. Então seus olhos se abriram e o reconheceram. Era Jesus. Não ardia nosso coração quando ele nos falava pelo caminho, quando nos explicava as Escrituras?" Jesus compartilhando a mesma comida, os mesmos sonhos, as mesmas dores e alegrias... Sustentando a vida de todos os que caminham com Ele.

Mas a Eucaristia requer verdadeira comunhão. Paulo explica à comunidade de Corinto que não haveria sentido comer a ceia na assembleia com pressa, sem se ater às desigualdades e sofrimentos que existiam entre seus membros. "Pois aquele que come e bebe sem discernir o Corpo, come e bebe a própria condenação" (1Cor 11,29).

Eucaristia é fonte de fraternidade, solidariedade, partilha, serviço.

Mistério de fé. Encontro intenso e transformador, encontro que convoca à conversão.

Um banquete! A comunidade cristã, partícipe do banquete em que come o "pão vivo que desceu do céu". Quem comer deste Pão viverá eternamente! Esta vida eterna é a graça santificante, que o batismo dá, e é sustentada pela Eucaristia, visto que Jesus disse: "Como eu vivo da vida de meu Pai, aquele que me recebe vive da minha vida".

A missa não é só recordação, mas Jesus realmente fica presente. O pão continua parecendo pão. Era verdadeiro pão, mas, pela Palavra sobrenatural, torna-se outra realidade que é a presença de Cristo sacrificado e ressuscitado.

Essa é a nova e verdadeira realidade. Mas nós não a podemos constatar por critério natural: nem os olhos, nem os ouvidos, nem a química, nem a física, nenhum instrumento é capaz de descobrir Cristo numa hóstia. Sobrenaturalmente, nós cremos que ali já não mais existem pão e vinho, e sim o Corpo e o Sangue de Cristo, morto e ressuscitado. Por isso, logo depois da missa, as hóstias são cuidadosamente guardadas.

Oração

Senhor Deus e Pai, ajudai-nos a amar e a viver o mistério que recebemos como maior dom de vossa generosidade: vosso Filho

Jesus Cristo. Que a comunhão do corpo de Cristo que recebemos seja remédio e força no caminhar. Que seja caminho para um engajamento cada vez maior na comunidade e para abertura solidária e fraterna aos irmãos. Que receber Jesus Eucarístico alimente, anime e faça crescer nossa fé e torne nossa vida expressão verdadeira do que cremos. E que a cada vez que comungarmos o Corpo do Senhor, possamos dizer e viver: toda vez que comemos deste pão e bebemos deste cálice, anunciamos, Senhor, sua presença e seu amor por nós e nos comprometemos sinceramente com a causa do Reino. Amém!

Décimo segundo dia

O CRISTÃO LEIGO E A FORMAÇÃO DE COMUNIDADES

"Pois onde dois ou três estiverem reunidos em meu nome, ali estou eu no meio deles" (Mt 18,20).

Padre Vítor nasceu no final do século XIX e entrou para o seminário no início do século XX. Sua formação cristã junto à família foi deficiente, pois não teve a alegria de receber de seus pais os primeiros ensinamentos da fé cristã. As constantes mudanças de um lugar para outro e a morte precoce da mãe dificultaram sobremaneira essa formação. Não havia, na época, catequese organizada como nos dias atuais, nem mesmo preocupação da pastoral ordinária com a prévia preparação para a recepção dos sacramentos. No entanto – e talvez por isso –, sua vida presbiteral e missionária foi sempre voltada para a formação da pessoa e da pessoa na comunidade. Primeiramente, como padre catequista, depois como missionário da ativa e, por longos anos, como radialista em programas que enfatizavam sobremaneira a formação dos fiéis e de comunidades.

Feliz por ser padre, agradecia a Deus o dom do sacramento da ordem. Ser padre para ele era especial chamado de Deus e sentia-se plenamente realizado em sua vocação. Mas reconhecia e enfatizava que a participação dos cristãos leigos na Igreja, participação muitas vezes descurada ou mesmo subestimada, era de fundamental importância para o trabalho pastoral. Quando ainda missionário da ativa, ele rebatia críticas de que a Missão era apenas fogo de palha e não contribuía para a formação de comunidade. Na década de 1930, ele deixou escrito no livro de crônicas da casa de Araraquara um depoimento sobre seu trabalho na Missão no sentido de atrair os leigos para um efetivo trabalho comunitário.

Começamos por organizar o trabalho dos leigos. Essa organização se faz assim: reúnem--se todas as associações e mais gente boa da paróquia, à noite, depois da reza. Mostra-se o valor do apostolado leigo (oração, sacrifícios e trabalhos). Passa-se ao serviço de propaganda por convites, ao mesmo tempo que se organizam as "guardas de honra": a primeira ao Santíssimo Sacramento (domingo), por homens, moços, moças e senhoras; a segunda a Nossa Senhora (sábado) por moças e a terceira a Nossa Senhora (segunda-feira) por senhoras.

Para cada hora tem de se oferecer doze chefes (seis moças e seis senhoras). Cada chefe tem de convidar quinze companheiras de seu estado e doze companheiros não do mesmo estado. Convidando para os momentos de "guarda", elas têm de convidar também para os sermões e conferências e de apresentar a lista dos convidados ao missionário. Isso vai, pela cidade, como um arado pelo campo.

Passa-se a organizar as visitas nos hospitais, cadeia etc., mais a festa da criançada, entregando cada coisa ao cuidado de alguma associação, bem como o zelo pelos doentes e pelos casamentos.

Naqueles tempos em que a comunicação verbal era a mais praticada, nada melhor que estes esquemas para tentar trazer os fiéis para o serviço comunitário. Esquemas simples, mas oportunos. A arregimentação começava pelas senhoras, passava pelas crianças até alcançar os homens, sempre um pouco mais arredios à participação. Seu jeito de entender e de lidar com o povo facilitava muito seu trabalho, principalmente com as crianças. Ele exercitara essas qualidades como coordenador da catequese na igreja de Santa Cruz, em Araraquara. Uma vez catequista, sempre catequista...

Na década de 1970, graças aos "ares novos" do Concílio Vaticano II, houve uma abertura e clara procura pela participação do leigo na Igreja. Padre Vítor, zeloso e criativo, incentivava as iniciativas e, ao mesmo tempo, adequava os novos métodos a serem aplicados. Na falta de sacerdotes nas comunidades, especialmente na zona rural, ele recomendava a celebração da liturgia da Palavra. Para facilitar a participação dos fiéis na liturgia dominical, os missionários redentoristas passaram a editar o folheto Deus Conosco e, com ele, o Culto Comunitário como auxílio nas celebrações nas quais não havia padre. Mas, muitas vezes, as comunidades não contavam com pessoas aptas à leitura... Foi então que ele passou a irradiar o culto, no melhor horário em que as ondas da Rádio Aparecida pudessem atingir os rincões mais longínquos. O líder da comunidade levava o rádio para a capela e, em comunidade, todos acompanhavam as leituras que eram também bem explicadas. Foi um pioneiro e ajudou incontáveis cristãos e comunidades a sentirem-se cada vez mais Igreja.

Mas, para a formação e sustentação das comunidades, ele não falava apenas de Bíblia e de reza. Incentivava o uso de fossas sanitárias, a formação de sindicatos e cooperativas, a reivindicação de salários justos, na certeza de que a justiça e a cidadania assim o exigiam. Juntamente com a realização da novena do padroeiro, propunha a visita da imagem peregrina de Nossa Senhora Aparecida. E mais, ao convidar o povo para integrar o Clube dos Sócios da Rádio Aparecida, fazia com que cada associado se sentisse participante da grande obra da evangelização. "Quem ajuda a pregação tem méritos de pregador!". Sem esse mote, que conquistou os fiéis e angariou fundos pelo Brasil afora, a Rádio Aparecida não seria o que é... O leigo sentia-se motivado e realmente partícipe da obra evangelizadora. Em um tempo em que a religião e sua prática ainda estavam encerradas dentro das igrejas, ele estimulou a participação, a animação litúrgica, o culto comunitário, as conquistas sociais... Enfim, falava de comunidade inspirada e conforme à Santíssima Trindade, modelo de comunidade. Na década de 1980, quando os bispos da América Latina realizaram a Terceira Conferência do CELAM, em Puebla, no México, Padre Vítor rezou com seus ouvintes, de forma pedagógica e catequética, pelos bons frutos do encontro.

> Muitos querem que a religião seja limitada à sacristia, dizendo que o cristianismo nada tem a ver com política, economia, produção, salário, distribuição de renda, riqueza. Isto não está certo...
> Outros há de opinião também errada: em sentido contrário, acham que a religião deve só cuidar da economia, da política, do salário, da justiça e da libertação material...

A verdade é que Deus, o Cristo, a Igreja, a verdadeira força do alto, a vida divina, não podem ser alheios à sociedade. Em nossas relações com Deus a vida de oração ocupa o primeiro lugar, mas a outra parte, que é lidar no ambiente do mundo e dos irmãos, não pode faltar. Importa cuidar da família, da sociedade, da produção, da política... Todas essas coisas expressam a justiça e o bem, ou a injustiça e o pecado.

Pertence à Igreja iluminar, com a luz do Evangelho, tanto o celeste como o terrestre, para que o cristão saiba qual é a vontade de Deus. E é por isso que a Igreja tem sua palavra nas coisas profanas. O sacerdote e o Evangelho penetram toda a massa, não só na parte religiosa de adoração, agradecimento, súplica e devoção, mas também na vida prática.

Os Bispos reunidos em Puebla lançaram muita luz nesse campo, mostrando que, na América Latina, há uma situação de pecado; 80% da população está reduzida à miséria, enquanto outra açambarca tudo. O cristianismo não pode estar de acordo com esse mal. Como julgar essa situação da América Latina, este quadro pecaminoso em que 80% do povo é injustiçado? A opção pelos pobres não é outra coisa senão voltar os olhos para a injustiça com que a multidão está sendo oprimida. A Igreja vem dizer sua palavra que conscientiza, para que todos saibam qual deve ser a verdadeira atitude cristã.

> Não é justo aquele que é devoto apenas, mas aquele que faz a vontade do Pai. E a vontade do Pai é que nos amemos uns aos outros e respeitemos os direitos dos homens, os direitos dos irmãos.

Suas palavras iam aclarando dúvidas e mostrando que o envolvimento do cristão leigo na vida política era uma obrigação. Envolvimento para que o meio social fosse transformado, de modo que nele imperassem a honestidade e a justiça. Via e apoiava a partição cristã nas questões relativas ao bem comum como fator importante na minoração do sofrimento daqueles que não tinham acesso aos bens de consumo, aos meios de participação e ao atendimento de suas reivindicações. E citava desde os escritores da Igreja Antiga até o mais recente documento dos Bispos da América Latina. E, sempre e acima de tudo, a boa notícia de Jesus Cristo – o Evangelho.

Quantas vezes, falando aos ouvintes da Rádio Aparecida sobre o Concílio Vaticano II, ele esmiuçou o documento que fazia referência à participação ativa do leigo na vida da Igreja. E outros documentos que focavam a valorização dos batizados como Povo de Deus e missionários. No documento *Apostolicam Actuositatem – A atividade Apostólica –* de 1965, a necessidade do apostolado leigo era posta de forma bem explícita. Em seus escritos encontramos comentários e citações, nos quais ele "traduzia", em linguagem simples, mas enfática, as partes que ele considerava as mais bonitas do documento. Como este trecho do número seis do documento.

Abrem-se aos leigos inúmeras ocasiões de exercerem o apostolado da evangelização e santificação. O próprio testemunho da vida cristã e as boas obras feitas em espírito sobrenatural possuem a força de atraírem os homens para a fé e para Deus. Pois diz o Senhor: "Brilhe vossa luz de tal forma diante dos homens, que vejam vossas boas obras e glorifiquem vosso Pai que está nos céus" (Mt 5,16).

Tal apostolado no entanto não consiste apenas no testemunho de vida. O verdadeiro cristão procura ocasiões para anunciar Cristo com palavras, seja aos que não creem para trazê-los à fé, seja aos fiéis para instruí-los, confirmá-los e despertá-los para uma vida mais fervorosa: "pois a caridade nos impele" (2Cor 5,14). No coração de todos hão de ressoar aquelas palavras do Apóstolo: "Ai de mim, se não evangelizar" (1Cor 9,16).

Entusiasmado e esperançoso, assim ele falava do engajamento do leigo na comunidade. E falou e repetiu, e explicou e pregou sobre isso por mais de sessenta anos. Desde os tempos de padre jovem e catequista até os últimos dias de sua vida, do alto de seus quase noventa anos de idade. Um testemunho de vida, de oração e de confiança na missão dos batizados. Embevecido, citava Maria, a Mãe de Jesus, como a leiga e seguidora por excelência do Senhor.

> Queridos brasileiros, que querem homenagear a Padroeira de nossa pátria, a Senhora Aparecida, Maria, a Virgem de Jerusalém, leiga de Deus, esposa desposada com Cristo, na expressão de São Paulo.

Oração

Senhor Deus e Pai, nós vos agradecemos o testemunho de estudo e de reflexão com que adornastes Padre Vítor Coelho de Almeida. Ele que, sendo sacerdote do altar, soube inculcar em seus ouvintes e nos devotos de Nossa Senhora a necessidade do engajamento na comunidade como sujeitos da construção do Reino. Cristãos batizados e batizadas, seguidores e anunciadores de vosso Filho, testemunhas de vosso amor pela humanidade, cada um e cada uma, a seu modo, sendo Igreja viva no meio da sociedade. Que este testemunho de Vítor nos ajude a todos, ministros ordenados e não ordenados, consagrados pelo batismo, a vivenciar vossa Palavra no dia a dia de nossa vida. Amém!

Décimo terceiro dia

O MISSIONÁRIO DA COPIOSA REDENÇÃO

"Junto ao Senhor é abundante a Redenção" (Sl 130,7).

Como Missionário Redentorista, Padre Vítor herdou do santo fundador ardente desejo de evangelização. A inspiração de Santo Afonso para iniciar a Congregação Redentorista adveio das palavras de Jesus que, ao entrar na sinagoga de Nazaré, leu a passagem do profeta Isaías em que o profeta anuncia a missão libertadora do Messias (Lc 4,18-19). Ao terminar, Jesus disse: "Hoje se cumpriu essa passagem da Escritura que vocês acabam de ouvir" (Lc 4,21). Ecoando através do tempo, a palavra de Jesus Cristo fez arder o coração de Santo Afonso e de Padre Vítor, acendendo neles o desejo do anúncio do Reino de Deus a todas as gentes. Essa é a proposta e a missão de cada redentorista. Continuar a missão do Redentor, anunciar a copiosa redenção, eis o desafio que impeliu e impele cada um de nós, batizados e consagrados ao serviço do Senhor.

Pois o anúncio do Evangelho visa de maneira especial à copiosa redenção que precisa chegar a todo homem e ao homem todo, aperfeiçoando e transfigurando todos os valores humanos de modo que todas as coisas sejam conformadas ao Cristo.

As Constituições da Congregação Redentorista nos orientam na busca do entendimento e apreensão do significado de Redenção. Olhando no mistério do Verbo o mistério do homem, ambos tornam presente, em sua totalidade, a obra da Redenção. Padre Vítor comprazia-se neste artigo dezenove da Constituição no qual se conjugam esses mistérios: o divino e o humano. O verdadeiro sentido da existência humana é desvelado e entendido quando o mistério humano mergulha no mistério do Filho de Deus tornado homem.

Para desenvolverem uma obra missionária eficaz, além de cooperar com todos na Igreja, devem ter adequado conhecimento e experiência do mundo. Praticam, pois, no mundo, o diálogo missionário com toda a confiança. Interpretam fraternalmente as angústias dos homens, para discernir nelas os verdadeiros sinais da presença e do desígnio de Deus. Realmente, eles sabem que o mistério do homem e a verdade de sua vocação integral somente se desvendam verdadeiramente no Mistério do Verbo Encarnado. Desse modo tornam presente a obra da redenção em sua totalidade, ao darem testemunho de que aquele que segue a Cristo, homem perfeito, torna-se ele mesmo mais homem.

No seguimento a Jesus Cristo, os Redentoristas buscam os homens convertidos a uma participação plena na Redenção celebrada na Liturgia. E na Liturgia, isso se dá principalmente no sacramento da reconciliação em que se anuncia e se celebra o encontro do coração humano com o coração misericordioso de Deus em Cristo, e máxime, na Eucaristia, presença do Cristo que constrói a Igreja, a comunhão, a fraternidade.

Santo Afonso insistia em que a Missão Popular devia ser exercício e prática para cada cristão atualizar e vivenciar, em si próprio, a missão continuada. E missão continuada significando experienciar na vivência cotidiana o anúncio querigmático do projeto salvífico de Jesus Redentor. Padre Vítor explicava com embasamento bíblico e teológico aquilo que ele identificava como o motivo condutor da vocação redentorista: *copiosa apud eum Redemptio*!

> Redentor é o homem que compra escravos para libertar. Jesus nos resgatou perante a Justiça de Deus, não com ouro, não com prata, mas com seu Sangue que tem valor infinito. Redimidos por Jesus, somos agora libertos do pecado. A falta de amor e a falta de justiça causam a escravidão.
>
> Jesus liberta pela palavra e pela graça! Ele nos liberta para que sejamos possuídos do querer divino. Amando tudo o que Deus ama, amamos os irmãos e os fazemos felizes, já neste mundo, rumo à libertação eterna!

Ele fazia questão de que seus ouvintes entendessem o sentido bíblico da palavra "redentor" e da ação redentora de Cristo. No

Antigo Testamento, a palavra e o conceito de "redentor" têm sua origem nos primórdios das tribos de Israel e estão relacionados ao termo *Go'El,* usado pelos israelitas para designar aquele – quase sempre um parente próximo – que se punha ao lado do necessitado, aquele que defendia e resgatava o direito do outro. Como Deus de Israel libertara seu povo das dores da escravidão no Egito e do exílio na Babilônia, punha-se ao lado da viúva e do órfão, dos pobres e desamparados, Ele passou a ser aclamado como o *Go'El* – o libertador, o redentor do povo de Israel.

No Antigo Testamento, Deus recebe esse título explicitamente no livro de Isaías. Nem Moisés, que conduziu o povo para fora do Egito, jamais recebeu esse nome. Moisés tinha claro que o êxodo fora a ação poderosa de Deus, não a sua.

Mas "chegada a plenitude dos tempos" (Gl 4,4), Deus enviou seu Filho ao mundo. Jesus, o filho de Deus, assumiu plenamente nossa humanidade, fez-se nosso parente mais próximo para nos trazer um jeito novo de viver, de viver amorosamente como irmãos que somos, segundo o desejo de seu Pai e nosso Pai. Jesus é a Palavra de Deus, a revelação definitiva de Deus, caminho de salvação. Mensageiro e a mensagem do Pai. Jesus é nosso redentor, pois tendo feito de sua vida total entrega ao Pai, a nós e por nós, fez de si mesmo caminho para nossa salvação.

Ao entregar toda a sua vida ao projeto do Reino, Jesus nos resgatou de tudo o que nos impede de sermos – com Ele, por Ele e Nele – verdadeiramente filhos de Deus. Fazendo-se caminho de nossa caminhada, Jesus" não veio para ser servido, mas para servir e dar sua vida como resgate para todos" (Mc 10,45). Amor incondicional, que acolhe, resgata e salva. Essa era a crença de Padre Vítor: redentor é aquele que resgata, que liberta, que paga a dívida do outro. Na Encarnação de Jesus, vemos o absoluto compromisso de Deus com a solidariedade aos homens e sua proximidade com toda a família humana, em todos os tempos e lugares.[1]

---

[1] Cf. AA.VV., Espiritualidade Redentorista 10 – ensaios sobre a Redenção, Aparecida, 2007.

Essa realidade de amor foi sendo cada vez mais aprofundada na vida de Padre Vítor. Desde os tempos de jovem noviço, ele recebeu e bebeu dessa fonte. Os longos anos de experiência pastoral e missionária fizeram dele um homem de profunda espiritualidade.

Vamos falar de Jesus Redentor, Redenção! Meditemos sobre este grande mistério: Jesus Redentor, Jesus nos redimiu!

A redenção é um resgate, uma compra, uma requisição. Deus adquiriu o mundo para si. Criando, o Pai Eterno com infinita caridade chamou à existência todas as criaturas que existem; as espirituais, anjos e as outras criaturas, os homens, os animais, as plantas, os minerais. Todo esse universo maravilhoso pertence a Deus, Ele é o dono de tudo. E Deus criou tudo por amor, porque Deus é amor.

Seu Filho havia de entrar no mundo para ser o centro do amor de todas as criaturas. Mesmo que não houvesse pecado, o Filho de Deus se faria homem para ser o centro de amor de todas as criaturas. Esta é a predestinação eterna: estava predestinado que o Filho de Deus se tornasse homem, que uma mulher fosse sua mãe.

A ideia de Redenção está ligada à ideia de pecado, porque os homens pecaram. Se os homens não tivessem pecado, se as criaturas não tivessem pecado, Deus não criaria a morte, Deus não criaria nenhum desses sofrimentos. As enchentes, por exemplo, a tuberculose, não haveria cemitérios, não haveria lágrimas no mundo. Somente a beleza e o amor. Assim é que Deus queria. Mas Deus quis também, e não podia ser de outro modo, que as criaturas merecessem, porque o amor tem que ser amado e tem que ser livre. Sim ou não: o anjo teria de dizer! Sim ou não: o homem tem de dizer! Aí é que está o perigo e foi esta também a tragédia: os homens que deviam dizer sim, aceitando Deus como Senhor, como Pai, como amigo, crendo, amando, não disseram.

Assim a ideia da Redenção está ligada ao amor. Veja como São João fala da Redenção: o mistério redentor é essencialmente mistério de amor. Foi por amor que Deus criou. Redenção é uma questão de Vida Divina: Deus é amor. Redenção é o amor imenso que o Pai tem ao mundo, a ponto de nos dar seu Filho. O Filho de Deus se faz nosso Irmão. Ele tomou nossa carne de pecado, assumiu para si nossa sorte, para viver nossa vida, a fim de que todos aqueles que o aceitarem, que se unirem a Cristo, pela fé, também transformem dor e morte em amor. Assim, se destrua o não, para todo mundo aprender a dizer sim, vivendo com Jesus, morrendo com Ele, sofrendo unido a Cristo, no amor.

Padre Vítor refletia e rezava esse mistério com os que o acompanhavam pelas ondas do rádio. Ele sabia da beleza que trazia dentro de si, como redentorista, como continuador dos passos do Redentor. A assumir o mandato evangélico do próprio Cristo que o envia para evangelizar, o redentorista carrega ainda a herança do fundador e de tantos outros que escolheram gastar a vida para anunciar a copiosa redenção. São chamados a continuar a presença de Cristo e sua missão de redenção no mundo, por isso escolhem o Cristo Redentor como centro de suas vidas. Essa consagração religiosa como redentorista, Padre Vítor a viveu inteira e intensamente por toda a sua vida, desde o noviciado e profissão quando fez os votos religiosos de obediência, pobreza e castidade. Por quase setenta anos, ele testemunhou com fidelidade o amor ao Redentor em sua vida e em sua pregação apostólica, buscando conformar seu ministério ao de seu Senhor e redentor.

E para completar as alegrias de ser redentorista, as normas da Congregação indicam Maria como modelo e ajuda na vivência desse dom. Caminhando na fé e abraçando de todo o coração a vontade salvífica do Pai como discípula do Senhor, Maria se dedicou totalmente à pessoa e à obra de seu Filho, servindo continuamente ao mistério da redenção, socorrendo perpetuamente o povo Deus em Cristo. E Vítor falou dessa entrega de Maria, de sua presença maternal junto a Jesus até a cruz, até a hora final.

Oração

Senhor Deus e Pai, nós vos agradecemos o imenso mistério de sermos resgatados pelo amor com que nos amou. Amou-nos enviando seu único Filho para viver nossa experiência humana. Amou-nos permitindo que Ele levasse até o fim seu projeto de salvação e de redenção. Agradecemos imensamente o amor com que Jesus se entregou na cruz para nossa salvação. Que esse amor com que fomos amados inculque em nós eterna gratidão ao Criador e ao Redentor. Que esse amor que nos amou primeiro ajude-nos a levar avante, com palavras e ações, a beleza do Reino de Deus. Que esse amor ajude-nos a amar nossos irmãos e irmãs menos favorecidos conforme o testemunho de Jesus. Amém!

Décimo quarto dia

SUA POESIA FALAVA DE DEUS E DA MISERICÓRDIA

"Bem-aventurados os misericordiosos, porque alcançarão misericórdia" (Mt 5,7).

Padre Vítor teve uma infância difícil. Os acertos, ou melhor, as tentativas de acerto do Professor Leão em busca de dar melhores condições de vida à família fez dela uma família peregrina. Dificuldades financeiras, vida nômade, a doença e a morte prematura da mãe desfizeram a família do menino Vitinho. O filho mais velho foi abrigado pelos jesuítas, uma das irmãs, na casa da Congregação do Bom Pastor. Vitinho e Mariazinha aos cuidados da avó que não conseguiu levar a cabo a educação do menino. Todos dispersos. Pobre, sem mãe, sem família, ele era, praticamente, um menino de rua.[1]

---

[1] Teria Padre Vítor lido o famoso livro do escritor francês Hector Malot, de 1878: "Sem Família"?

Quantas vezes nos deparamos com situação semelhante em milhares de casos, pessoais ou familiares. O menino Vítor foi levado por um primo padre para o Rio de Janeiro. Mas o primo não conseguiu educá-lo. Na viagem de volta para entregá-lo ao pai, o primo resolveu parar em Aparecida. Aí, a graça de Deus tocou nos corações tanto do menino quanto dos padres redentoristas. Começava aí uma longa história de amor, amor de Deus mediado por Nossa Senhora Aparecida.

Uma vez, um professor de Vítor arrancara-lhe do pescoço uma correntinha com a imagem de Nossa Senhora Aparecida, como ele mesmo descreveu. A correntinha, jogada no mato em meio às zombarias do professor. Estavam perdidas a medalha e a correntinha, mas não o carinho da mãe Aparecida. Não conseguindo cuidar e educar os filhos, o Professor Leão, pai de Vitinho, fora aconselhado a fazer um pedido a Nossa Senhora Aparecida, para que ela o ajudasse a encontrar um caminho seguro para seu filho Vitinho. A família alcançou a graça quando o Seminário Santo Afonso, em Aparecida, entrou na vida de Vitinho, o futuro apóstolo da Mãe Aparecida.

Em Aparecida, o primo padre resolveu apresentar o menino ao diretor do seminário e deixá-lo lá. Vocação? O próprio Padre Vítor admite que não apresentava quaisquer sinais e, ainda mais, admitia que era um menino dado a traquinagens e molecagens e que, absolutamente, jamais lhe passara pela cabecinha seguir tal caminho. O menino foi deixado no seminário. A certa altura, quis ir embora. Mas ir para onde? Seu pai tornara-se professor ambulante pelo Triângulo Mineiro. O primo padre, atravessando um momento meio conturbado, tinha suas próprias questões para cuidar! O diretor aceitou que continuasse, mas com o compromisso de dedicar-se mais aos estudos e que ficasse atento, tentando ouvir qual chamado ecoava em seu coração de menino. Devagar, em meio às orações e ao convívio fraterno no seminário, a decisão foi brotando, crescendo e amadurecendo. Aos poucos foi entendendo seu chamado. Tanto que mais tarde, dizia, reconhecido: "Sou filho da misericórdia. Deus tirou-me do lodo para fazer de mim um anunciador de seu Evangelho e sacerdote do altar. Foi sob a vigilância de meus superiores, cercado de bons companheiros, instruindo-me na religião, é claro, que fui me transformando".

Os estudos no seminário, a vida comunitária, o noviciado, a profissão religiosa e a ordenação sacerdotal foram momentos únicos e vividos com a intensidade de quem bebe da fonte que jorra para a vida, para a missão, para a lida apostólica. E ele soube viver cada um desses momentos como únicos e irrepetíveis. Foi catequista e missionário, cativando a todos com seu jeito muito próprio de entender e lidar com o povo. Experimentou a solidão no longo tempo da doença, tornando-se um homem rezador. Como comunicador na Rádio Aparecida, ele era uma síntese dessas vivências diversas. Era um homem de oração, agradecido, amadurecido. E foi assim que continuou a falar ao coração do povo e a construir uma convivência alegre e extrovertida com os confrades na vida conventual. Graça de Deus! Como escritor deixou artigos e dois livros de instrução religiosa. Seus esboços de programas no rádio resultaram em centenas de poesias e artigos que foram publicados no jornal "Santuário de Aparecida". Mesmo na correspondência com amigos e familiares, ele não deixava de agradecer a Deus e a Nossa Senhora a dádiva recebida.

Em 1985, escreveu à irmã Mariazinha, ao enviar-lhe uma foto na qual ele segurava a imagem de Nossa Senhora em meio a um campo de centeio:

> Salve, Maria!
> No trigal da vida sacerdotal com Maria!
> Como é grande minha responsabilidade! Só a misericórdia infinita dá alento para se ter coragem de celebrar todos os dias o "Mistério da Fé".
> Por minhas mãos, Nossa Senhora tem derramado, no mundo, caudais de graças eficazes. Espero que Ela me salve a mim também...
> Mando-lhe um feixinho de "trigo"!
> Vitinho

O tema da misericórdia sempre foi muito caro a Padre Vítor que se referia a si mesmo como " filho da misericórdia". E, hoje, vemos que o é também do Papa Francisco. Em seus discursos e pronunciamentos, várias vezes ele tem conclamado os fiéis e Igreja-instituição a serem misericordiosos. Ele mesmo escolheu como lema de seu pontificado *Miserando atque eligendo (Olhou-o com misericórdia e o escolheu),* que nos recorda a ação de Jesus para com tantos homens e mulheres nas mais diversas situações, conforme nos conta o Evangelho. Amor, misericórdia e perdão foram temas recorrentes nas falas de Padre Vítor.

O cristão que perdeu a amizade de Deus pelo pecado mortal ainda pode esperar o perdão, porque Deus é misericordioso. Jesus ensina na parábola do filho pródigo.

O pecador é como aquele filho que disse ao pai: "o senhor me entregue o que é meu, não quero ficar em sua companhia, vou sair desta casa!" Pegou a herança e partiu. Deixou magoado o coração paterno. Esbanjou a fortuna longe do pai. Empobreceu, a ponto de se tornar mísero guarda de suínos, faminto e maltrapilho. Só então, caindo em si, lembrou-se de que na casa paterna havia amor e pão. Resolveu voltar para o pai, cuja lembrança o atraía. Eis a história do pecador arrependido, do filho que voltou e confessou sua culpa.

O Pai celeste perdoou-lhe tudo. Vestiu-o novamente com a graça santificante, colocou-lhe no dedo o anel da salvação e calçou-lhe os pés, para andarem nos caminhos do bem. Houve um banquete de alegria, porque o filho que estava perdido foi encontrado. "Mais se alegra o céu por um pecador que faça penitência do que por noventa e nove justos que não precisam de perdão."

Em gravações para a Rádio Aparecida, homilias, cartas para os amigos e familiares, em quase tudo, citações bíblicas e poesias davam-se as mãos. Como nas palavras ternas ao falar com Mariazinha, mais uma vez, sobre Deus, velhice e misericórdia.

Mariazinha,

Salve, Maria!

Só Ele sabe o que há no homem. A gente vai compreendendo, como em novas descobertas, o que Ele é. A infinita bondade e misericórdia... Isso é que torna a vida bonita e cheia de alegria. Mas os homens ficam cada vez mais incompreensíveis. A palavra mais bonita nessa incompreensão é a palavra dele: "tudo que fizerdes a um deles, a mim o tereis feito".

As semanas passam vertiginosas quando a gente fica velho. Durmo bastante. Às madrugadas fico muitas vezes conversando com Deus. Velho, nos salmos, medita de madrugada. Vejo a misericórdia de Deus em minha vida... A virtude da esperança é chamada virtude árdua. A grande luta do espírito para se manter na esperança [...]

O grande acontecimento é sempre a missa. Quanto mais velho, mais compreendo o insondável desse acontecimento diário. Não deixo um dia sem a via-sacra, em que você e Dedé têm lugar especial. Fora do litúrgico temos o dever de fazer oração pelo menos uma hora por dia, tudo por tudo.

Meus passeios são idas à Santa Casa para ver como Deus reserva para o fim as melhores flechas de sua misericórdia. Não há uma ida em que não represente uma colheita que faz sorrir. Viagens grandes são para o Clube dos Sócios e para a Rádio Aparecida.

Chegar a uma velhice tranquila e ativa para quem vivera, por duas vezes, o drama da tuberculose era mesmo uma graça de Deus. Viver com apenas um pulmão e manter um ritmo de trabalho capaz de causar inveja a qualquer pessoa era algo admirável. Movia-o a vontade infinita de falar do amor de Deus, de anunciar a copiosa redenção, fosse pelos microfones da Rádio Aparecida, fosse aos romeiros na basílica de Nossa Senhora. Confiante e abrigado na bondade e na misericórdia de Deus para com ele, Padre Vítor fazia de sua vida e apostolado uma memória agradecida.

> Jesus prometeu o céu ao pecador. Jesus veio para salvar o que estava perdido. Talvez seja você alguém perdido, que precisa de salvação! O pecador abandonou Deus e compara-se à ovelha extraviada no deserto, que não achou mais o rebanho.
>
> São Tiago compara-o a uma estrela cadente, vagando nos abismos do céu, ou às espumas agitadas pelo oceano furioso ou a árvores mortas e arrancadas do solo. Jesus veio para fixar as estrelas desgarradas no céu da madrugada, belas como a estrela d'alva. Ele faz brotar, de novo, as árvores mortas e arrancadas, segundo aquela passagem de Isaías: "Ó casa de Israel, não digas: eu sou uma árvore seca!"
>
> Sobre as ondas bravias do mar, Jesus anda e nos chama para andarmos com Ele também. E não quer que nos falte a confiança, ao ponto de começarmos a afundar nas águas, como Pedro. Jesus nos exorta, dizendo: "Homens de pouca fé, por que duvidais?" Cremos na misericórdia

infinita do Pai, que nos deu seu Filho. Cremos no amor infinito do Filho, que nos amou e morreu por nós. Seu sangue tem valor imenso. Cremos no Espírito Santo, que perdoa os pecados e que enche a alma de fé, esperança, caridade, justiça, fortaleza, temperança, prudência... Tudo podemos em Deus que nos conforta. O pecador deve crer na libertação e salvação.

Oração

Senhor Deus e Pai, bom e misericordioso com vosso povo. Ainda quando ele buscou outros deuses, Vós o perdoastes e o colocastes na terra prometida. Por vosso incondicional amor, destes-nos vosso próprio Filho que falou do amor e da misericórdia como meios essenciais para a vivência da vossa Palavra. Ajudai-nos a entender que a misericórdia é uma virtude muito pessoal que estimula, em cada pessoa, o desabrochar e o crescimento de todas as suas capacidades. E é uma virtude comunitária que estimula toda a sociedade, toda a família humana a colocar-se como dom em favor do outro.

Amém!

Décimo quinto dia

O ENTARDECER DE SUA MORTE... E O AMANHÃ DA VIDA

"Não se perturbe vosso coração! Credes em Deus, crede também em mim. Na casa de meu Pai há muitas moradas" (Jo 14,1-2).

Por duas vezes Padre Vítor esteve à beira da morte devido à tuberculose. A primeira, quando ainda estudante na Alemanha. A segunda, quando, depois de anos de trabalho intenso nas Missões Populares, foi novamente acometido pela doença que o afastou da equipe de Missão, dos confrades e da sociedade em geral. Ele ficou internado em um sanatório em Campos do Jordão durante sete anos. A tuberculose quase o levou à morte. Perdera sua mãe e sua irmã para a mesma insidiosa doença. Ele se recuperou, mas sabia que a morte o rondava. Com isso, tornou-se um homem que soube lidar com este limite, o limite último da vida. Quando deixou Campos do Jordão e foi morar em Aparecida, Monsenhor Ascânio Brandão saudou a volta do missionário à lida. A intenção era noticiar sobre o homem que muitos tinham como morto. Fora um longo silêncio no alto da Mantiqueira. Seu Monte das Oliveiras tornara-se Monte Tabor.

> Quem não conhece por aí esta figura simpática de missionário que é o Padre Vítor Coelho? Nas Missões e retiros por ele pregados, há aí uma nota de originalidade e muita unção que atraía as massas e convertia os pecadores. Até hoje o povo se lembra dele com saudades. Quando a Providência o experimentou em prolongada enfermidade que o afastou das Missões, era de ver como o povo com lágrimas pedia notícias dele e rezava por ele! Sentia-se que era o homem do povo, o ideal missionário. Abalava cidades com sua palavra de fogo e ungida daquela piedade alfonsiana que o povo compreende tão bem. Hoje, após longos anos de sofrimento, batido por duras provações, volta de novo à luta. Quanto valeram as orações do povo que o quer tanto bem! Louvado seja Deus!

Quando ele finalmente recebeu alta médica do sanatório já se aproximava dos cinquenta anos de idade. Viveu ainda mais trinta e oito anos. Praticamente um milagre. E soube lidar com a realidade da morte enquanto esta não chegava, pois viveu uma longa velhice. Enquanto isso, ia escrevendo, falando do mistério que envolve nossas vidas – o mistério da morte, sofrimento e dor revestidos de esperança.

> Novembro leva-nos aos cemitérios. Desafogamos, ali, saudades pungentes visitando as sepulturas, leitos silenciosos daqueles que nos precederam com o sinal da fé e dormem o sono da paz.
>
> Lá do céu ou do purgatório, assim julgamos, eles contemplam enternecidos o amor e as flores com que honramos o lugar sagrado que lhes encerra os restos mortais e recebem agradecidos o incenso e orvalho das nossas preces.
>
> Os horrores da morte nos acabrunham. Bem preferíamos ser revestidos da glória sem provar as cruciantes dores da agonia, a dissolução de nosso corpo e o olvido da sepultura. Mas aos que entristecem a certeza do que há de vir, também consolam a fé na vida eterna e o dogma da ressurreição no último dia.

As cruzes, porém, a estenderem seus braços protetores sobre os sepulcros, falam da Misericórdia infinita. A vitória de Jesus sobre a morte é, propriamente, a vitória sobre o pecado. Ainda que os remorsos de nossa consciência fossem mais numerosos que as areias do mar e pesassem como as montanhas, mesmo assim, não deveríamos nos desesperar.

A morte de Cristo vale infinitamente mais que todos os crimes da humanidade inteira. A sepultura marca a fronteira que separa dois reinos de mistérios insondáveis: aquém, o reino da Misericórdia infinita; além, o reino da justiça, também infinita.

Padre Vítor amava as flores. Quando morou em Araraquara, cuidava do jardim do convento. Em Aparecida, tornou-se apreciador e colecionador de orquídeas. Andava pelos matos e florestas à procura dessas flores maravilhosas. Além de dispensar-lhes cuidados, catalogava-as. Tornou-se membro da sociedade de orquidófilos. Plantava, regava e passava horas em seu orquidário no convento de Aparecida. Na contemplação da imensa beleza das flores, da natureza, ele contemplava a imensidão do amor de Deus, a Eterna Beleza para a qual o homem foi criado.

Nós achamos a terra tão grande, não?

Mas ela é quase nada. Se o sol é uma estrelinha, então o que é a nossa pequenina terra? E aqui neste mundo vive o homem.

Deus criou este pequenino mundo, que roda em torno do sol, tão bonito...

A terra é bonita! A atmosfera azul em torno do globo... O fundo imenso das estrelas, o nascer do sol e as belezas do dia...

Oh, mundo bonito...

A beleza da tarde, a beleza da manhã...

Os ardores do meio-dia!

As nuvens que passam voando e as aves que voam com elas...

O mundo das plantinhas, tão bonitas, como a orquídea. E no Brasil tem de duas mil qualidades de orquídeas. Nós podemos descrever tudo o que Deus criou. Criou tudo na mais perfeita ordem, na mais perfeita harmonia. Deus criou o grande reino: o universo. Mas muito mais importante é o homem, porque o ser humano é espírito, é um eu, é uma pessoa.

As flores morrem, nosso eu não morre. Nosso corpo perece no cemitério por algum tempo, mas nosso eu evita a sepultura e vive. O homem terá existência eterna. A sorte do homem é uma sorte que some no infinito. E Deus criou o homem para participar da eternidade de Deus, da imensidade de Deus. Criou-o para estar presente no infinito, para participar do poder de Deus, participar da santidade de Deus...

Ele era assim, em meio à beleza da criação divina, lembrava, de modo simples e inteligível, os mistérios de Deus, da vida e da morte. Até o fim, todos os seus dias foram testemunho de zelo e de amor à Igreja, de fé e gratidão pela vida e pelo caminho do serviço na messe do Senhor. Padre Vítor trabalhou até um dia antes de falecer.

Os programas de rádio, o atendimento aos romeiros, as missas – de modo especial a do Santíssimo Sacramento –, ele não os dispensava nunca, pois eram para ele momentos de agradecer e de servir. E o amor de Padre Vítor por Nossa Senhora? Uma vez, brincando, um confrade disse que mesmo depois de morto, se lhe colocassem um microfone perto da boca, provavelmente ele proferiria algum sermão mariano. Vítor mesmo escrevera que, na última hora, para ter confirmada sua morte, seria bastante colocar uma estampa de Nossa Senhora junto dele. Se ele não dissesse nada, já estaria para sempre nos braços do Pai Eterno...

Quando eu soltar meu último suspiro,
quando meu corpo se tornar gelado
e meu olhar se apresentar vidrado,
e quiserdes saber se ainda respiro,
eis o melhor processo que eu sugiro:
não coloqueis um espelho decantado
diante de meu nariz nem mesmo encostado...
porque não falha a prova que eu prefiro.
Fazei assim: por cima do meu peito,
do lado esquerdo,
colocai a mão e procedei seguro, desse jeito:
gritai: "MARIA", bem alto, ao pé do
meu ouvido...
e, se meu coração não palpitar,
então... penso eu que terei morrido.

Sua catequese através da Rádio Aparecida refletiu muitas vezes sobre o viver bem, viver cristãmente, de modo a chegar a uma morte santa. Exortava os ouvintes à prática da caridade, da honestidade, da justiça, à frequência aos sacramentos como caminhos seguros para se alcançar o entardecer da vida com a consciência tranquila...

Em 1986, um ano antes de falecer, em seu programa radiofônico ele falou da vida, da velhice, da despedida, da morte... Sempre pleno de confiança no Senhor, aquele em quem Padre Vítor, o Vitinho, colocara sua esperança...

A gente fica comovido diante da realidade. A primavera começou. A vida começou. Aquele que nunca começou, que é a fonte infinita de todas as fontes, é o eterno, o imenso, o Todo-Poderoso. Infinitamente santo, justo e misericordioso: Deus Princípio que não teve princípio. O Pai, a ideia eterna do amor: Deus. Primavera é um louvor de Deus. Como todas as fontes são louvor de Deus; como toda origem. Nasci de minha mãe. Recebi vida humana. Ela vem de Deus. A vida das plantas, dos animais, dos seres humanos, do homem, que é um composto de espírito e matéria. Também a vida dos anjos; o mundo dos espíritos criados, os anjos. Tudo isso tem uma única e eterna fonte: é o próprio Deus. O Pai gera eternamente, a ideia infinita donde procede eternamente o amor. E todas as fontes cantam, barulhando alegres, porque a fonte é sempre alegre. Cantam barulhando a fonte eterna: Deus. Isso o que nós queremos fazer hoje, celebrando meus oitenta e seis anos de vida, fonte, Deus. Um rio longo, longo... a fonte está longe.

Deus me ajude, se Ele quiser ainda falar um pouco antes de me calar, porque estou no fim do tempo de falar. Eu gostaria que a tarde fosse tão bonita como a manhã. Há um encanto lindo na tarde. Quando as sombras se alargam. Quando as coisas da terra se apagam. Quando se acendem as coisas do céu. A linda e serena tarde em que brilham as estrelas aos poucos, aos poucos; e a linda estrela da tarde nos anuncia aquele sol Eterno, que nunca mais terá ocaso. É hora de calar. Silêncio, a noite vem caindo. Vamos, então, rezar, pedir a Deus. Adorar, agradecer, pedir, desfazer as culpas para que Ele tenha compaixão de nós e nos receba na vida eterna.

Oração

Senhor Deus e Pai, assim como destes vida longa a vosso filho Padre Vítor Coelho de Almeida, dai também, a todos nós, vida e saúde. Padre Vítor experimentou a dor e a doença, a solidão e o recolhimento, mas foi amparado pelo alimento divino de vosso Filho Jesus Cristo que ele consagrava e recebia. Padre Vítor foi amparado pelas mãos maternais de Nossa Senhora Aparecida e, com amor e gratidão, foi cantor das glórias de Maria. Ele teve sabedoria e o dom da pregação como graça de vosso Santo Espírito. Nós vos pedimos que nosso irmão e confrade, o Servo de Deus, Padre Vítor Coelho, seja elevado às honras dos altares. Amém!

ORAÇÃO PARA PEDIR A BEATIFICAÇÃO DE PADRE VÍTOR COELHO DE ALMEIDA, C.Ss.R.

Deus, Pai de bondade e misericórdia, que concedestes a Padre Vítor Coelho o dom de anunciar a Palavra da Salvação com piedade e unção, concedei-me a graça de seguir seu exemplo de fé e confiança na misericórdia de Deus e na intercessão de Maria, sua Mãe, para obter minha conversão pessoal.

Peço, ó Trindade Santa, por intercessão de Nossa Senhora Aparecida, a beatificação do vosso fiel servo, Padre Vítor Coelho, para vossa maior honra e glória.

Peço-vos ainda, com profunda fé e confiança, que me concedais, pela intercessão de Nossa Senhora Aparecida e de seu servo Padre Vítor Coelho, a graça particular de que tanto preciso.

(Mencionar a graça desejada.)

Por Jesus Cristo, Nosso Senhor. Amém.

Três Glória ao Pai e uma Ave-Maria.

BIBLIOGRAFIA E FONTES

Vida de Padre Vítor Coelho – Missionário Redentorista e Apóstolo da Rádio Aparecida, de Padre Júlio Brustoloni, Editora Santuário, 1ª edição, 1998.

Padre Vítor Coelho de Almeida – o Missionário da Senhora Aparecida, de Padre Gilberto Paiva, Editora Santuário, 2014.

Arquivos:

Arquivo Padre Vítor Coelho, no Memorial Redentorista, em Aparecida.

Arquivo Redentorista da Província de São Paulo, em São Paulo.

Todas as citações de Padre Vítor foram recolhidas de seus escritos, artigos e programas na Rádio Aparecida, conservados no Arquivo que leva seu nome. E também de citações de seu livro: "Os ponteiros apontam para o infinito", Edições Paulinas, 1960.